Verbtabellen Plus
LATEIN

Mit Lernvideos

von
Rainer Hahn
Maria Anna Söllner

PONS
Verbtabellen Plus
LATEIN

Mit Lernvideos

von
Rainer Hahn
Maria Anna Söllner

Basiert auf ISBN 978-3-12-562655-3

Der digitale Zugang zu den online angebotenen Zusatzmaterialien ist für zwei Jahre ab dem Jahr der Erstauflage dieses Buches gewährleistet..

2. Auflage 2025

Redaktion: Francesca Giamboni, Dr. Bettina Kratz-Ritter (Göttingen), Arkadiusz Wrobel
Logoentwurf: Erwin Poell, Heidelberg
Logoüberarbeitung: Sabine Redlin, Ludwigsburg
Layout/Satz: Satzkasten, Stuttgart
Druck und Bindung: Publikum d.o.o

ISBN: 978-3-12-562471-9

Inhalt

Zu diesem Buch

In den Konjugationstabellen sind alle wichtigen Konjugationsmuster der lateinischen Verben dargestellt, ob regelmäßig oder unregelmäßig.
In der alphabetischen Verbliste auf den Seiten 10-15 finden sich die wichtigsten Verben der lateinischen Sprache. Die Nummern, die neben den Verben angegeben sind, verweisen auf deren Stammformen (Seiten 16-35), während die Buchstaben sich auf das entsprechende Konjugationsmuster beziehen.
Darüber hinaus steht Ihnen eine Kurzgrammatik zur Verfügung, mit der Sie einen Überblick über die Bildung der Zeitformen gewinnen können.
Durch die Übungen ab S. 125 und den Abschlusstest ab S. 137 können Sie das Gelernte trainieren und Ihren Lernerfolg testen.
Am Ende des Buches finden Sie zusätzlich Lernkärtchen zum Ausschneiden und Trainieren der Verbkonjugationen für unterwegs.

So arbeiten Sie mit den Konjugationstabellen

1. In der **alphabetischen Wortliste** (S. 10-15) Verb, Stammformen und Konjugationsmuster nachschlagen:

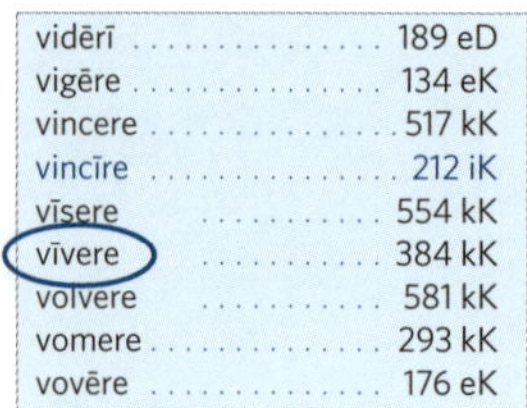

vidērī	189	eD
vigēre	134	eK
vincere	517	kK
vincīre	212	iK
vīsere	554	kK
vīvere	384	kK
volvere	581	kK
vomere	293	kK
vovēre	176	eK

2. **Stammformen** (S. 16-35) ...

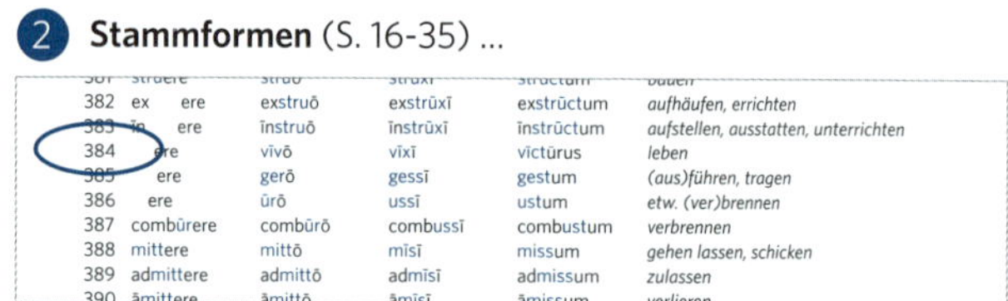

382	exstruere	exstruō	exstrūxī	exstrūctum	*aufhäufen, errichten*
383	īn ere	īnstruō	īnstrūxī	īnstrūctum	*aufstellen, ausstatten, unterrichten*
384	ere	vīvō	vīxī	vīctūrus	*leben*
385	ere	gerō	gessī	gestum	*(aus)führen, tragen*
386	ere	ūrō	ussī	ustum	*etw. (ver)brennen*
387	combūrere	combūrō	combussī	combustum	*verbrennen*
388	mittere	mittō	mīsī	missum	*gehen lassen, schicken*
389	admittere	admittō	admīsī	admissum	*zulassen*
390	āmittere	āmittō	āmīsī	āmissum	*verlieren*

... und **Konjugationsmuster** (S. 36-124) nachschlagen:

kK
leiten

Konsonantische Konjugation *Aktiv*

Personalformen des Präsensstamms

Indikativ Präsens		Konjunktiv Präsens	
regō	*ich leite*	regam	*ich möge leiten*
regis	*du leitest*	regās	*du mögest leiten*
regit	*er/sie/es leitet*	regat	*er/sie/es möge leiten*
regimus	*wir leiten*	regāmus	*wir mögen leiten*
regitis	*ihr leitet*	regātis	*ihr möget leiten*
regunt	*sie leiten*	regant	*sie mögen leiten*
Indikativ Imperfekt		**Konjunktiv Imperfekt**	
regēbam	*ich leitete*	regerem	*ich würde leiten*
regēbās	*du leitetest*	regerēs	*du würdest leiten*

3. Das im Beispiel gesuchte Verb **vivere** wird genau so konjugiert wie das Musterverb **regere** (konsonantische Konjugation, s-Perfekt). Daher können Sie das Konjugationsmuster von **regere** auf das Verb **vivere** übertragen und die Formen selbst bilden, z. B. Indikativ Imperfekt : **vīvebam**, **vīvebās**, **vīvebat**, ...

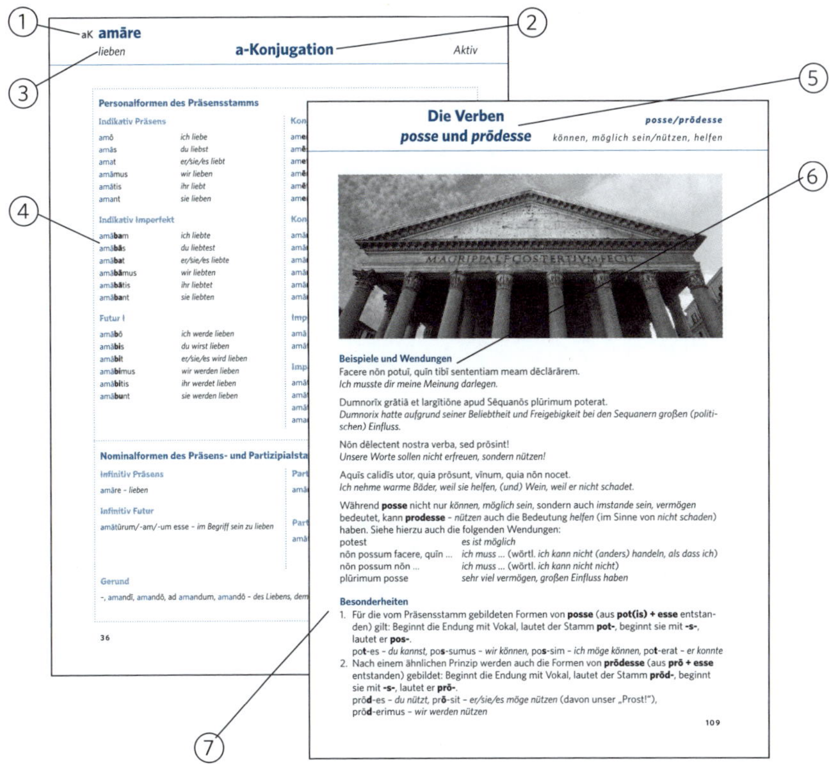

aK **amāre**
lieben
a-Konjugation
Aktiv

Personalformen des Präsensstamms

Indikativ Präsens

amō	*ich liebe*
amās	*du liebst*
amat	*er/sie/es liebt*
amāmus	*wir lieben*
amātis	*ihr liebt*
amant	*sie lieben*

Indikativ Imperfekt

amā**bam**	*ich liebte*
amā**bās**	*du liebtest*
amā**bat**	*er/sie/es liebte*
amā**bāmus**	*wir liebten*
amā**bātis**	*ihr liebtet*
amā**bant**	*sie liebten*

Futur I

amā**bō**	*ich werde lieben*
amā**bis**	*du wirst lieben*
amā**bit**	*er/sie/es wird lieben*
amā**bimus**	*wir werden lieben*
amā**bitis**	*ihr werdet lieben*
amā**bunt**	*sie werden lieben*

Nominalformen des Präsens- und Partizipialsta

Infinitiv Präsens

amāre - *lieben*

Infinitiv Futur

amātūrum/-am/-um esse - *im Begriff sein zu lieben*

Gerund

-, amandī, amandō, ad amandum, amandō - *des Liebens, dem*

36

Die Verben
posse* und *prōdesse
posse/prōdesse
können, möglich sein/nützen, helfen

Beispiele und Wendungen

Facere nōn potuī, quīn tibī sententiam meam dēclārārem.
Ich musste dir meine Meinung darlegen.

Dumnorīx grātiā et largītiōne apud Sēquanōs plūrimum poterat.
Dumnorix hatte aufgrund seiner Beliebtheit und Freigebigkeit bei den Sequanern großen (politischen) Einfluss.

Nōn dēlectent nostra verba, sed prōsint!
Unsere Worte sollen nicht erfreuen, sondern nützen!

Aquīs calidīs utor, quia prōsunt, vīnum, quia nōn nocet.
Ich nehme warme Bäder, weil sie helfen, (und) Wein, weil er nicht schadet.

Während **posse** nicht nur *können, möglich sein*, sondern auch *imstande sein, vermögen* bedeutet, kann **prodesse** - *nützen* auch die Bedeutung *helfen* (im Sinne von *nicht schaden*) haben. Siehe hierzu auch die folgenden Wendungen:

potest	*es ist möglich*
nōn possum facere, quīn …	*ich muss …* (wörtl. *ich kann nicht (anders) handeln, als dass ich*)
nōn possum nōn …	*ich muss …* (wörtl. *ich kann nicht nicht*)
plūrimum posse	*sehr viel vermögen, großen Einfluss haben*

Besonderheiten

1. Für die vom Präsensstamm gebildeten Formen von **posse** (aus **pot(is) + esse** entstanden) gilt: Beginnt die Endung mit Vokal, lautet der Stamm **pot-**, beginnt sie mit **-s-**, lautet er **pos-**.
   pot-es - *du kannst*, pos-sumus - *wir können*, pos-sim - *ich möge können*, pot-erat - *er konnte*
2. Nach einem ähnlichen Prinzip werden auch die Formen von **prōdesse** (aus **prō + esse** entstanden) gebildet: Beginnt die Endung mit Vokal, lautet der Stamm **prōd-**, beginnt sie mit **-s-**, lautet er **prō-**.
   prōd-es - *du nützt*, prō-sit - *er/sie/es möge nützen* (davon unser „Prost!"), prōd-erimus - *wir werden nützen*

109

① Kürzel für die Konjugationsklasse (die komplette Liste der Kürzel auf Seite 10).

② Konjugationsklasse

③ Musterverb und Übersetzung

④ Der Stamm ist farbig gekennzeichnet, während Tempus- und Moduszeichen außer in den zusammengesetzten Passivformen und den Formen von *esse* fett hervorgehoben sind.

⑤ Hier finden Sie Besonderheiten und weitere Hinweise zu Formen, Gebrauch oder Bedeutung.

⑥ Beispiele und Wendungen.

⑦ Besonderheiten hinsichtlich der Konjugation oder des Gebrauchs dieses Verbs.

Lerntipps: So lernen Sie Verbkonjugationen

Mehrmals abschreiben

Haben Sie mit einer Konjugation Schwierigkeiten, dann schreiben Sie das Verb mehrmals ab, das hilft sich die Formen einzuprägen. Markieren Sie dann die Endungen und Besonderheiten einzelner Verbformen farbig.

Ähnliche Verben

Viele unregelmäßige Verben werden ähnlich konjugiert. Lernen Sie diese immer gemeinsam!

Stammformen

Prägen Sie sich bei einem neuen Verb nicht nur die Bedeutung, sondern immer auch gleich die Stammformen mit ein. So können Sie sich alle Formen ganz einfach herleiten.

Mehrmals pro Woche lernen

Setzen Sie sich beim Sprachenlernen realistische Ziele. Es braucht Zeit, eine Sprache zu lernen - also nehmen Sie sich nicht zu viel vor! Besser Sie lernen mehrmals pro Woche eine halbe Stunde, als nur einmal 5 Stunden.

Textstellen markieren

Das Markieren von Textstellen oder Wörtern ermöglicht es, verschiedene Aspekte einer Fremdsprache gezielt zu üben. So können Sie zum Beispiel eine Zeitform, die Sie gerade gelernt haben, im Text markieren und in den unterschiedlichen Zusammenhängen lernen.

Synonyme und Antonyme

Erweitern Sie schnell Ihren Wortschatz, indem Sie Verben immer gleich mit dem Gegenteil (z. B. *nehmen ≠ geben*), oder mit einem Synonym (z. B. *nehmen = ergreifen*) lernen.

Verben + Präposition

Wenn ein Verb eine bestimmte Präposition oder einen bestimmmten Kasus braucht, dann lernen Sie diese immer mit - am besten in einem Satz.

Wendungen

Neue Verben können Sie effektiver lernen, indem Sie sie im Zusammenhang, z. B. in Wendungen, lernen, denn so können Sie sich die Bedeutung leichter merken.

Mit Bildern lernen

Bilder, die Ihnen irgendwie auffallen, eignen sich hervorragend zum Lernen von Wörtern und Wendungen. Entsprechendes Bildmaterial finden Sie überall: in Zeitungen, Zeitschriften und Kalendern. Schneiden Sie das aus, was Sie fasziniert, kleben Sie es in Ihr Vokabelheft und schreiben Sie dann auf, was Ihnen dazu einfällt: Reaktionen, Überlegungen, Gedankenassoziationen oder auch nur einzelne Wörter.

Sich aufnehmen

Wenn Sie zu den Menschen gehören, die gut durch Hören lernen können, dann hören Sie sich selbst zu! Nehmen Sie sich beim Sprechen der Verbkonjugationen auf und hören Sie sich immer wieder an. Sie können bei der Aufnahme auch Pausen machen, in denen Sie das Gehörte dann noch zusätzlich nachsprechen können.

Vokabelkärtchen

Auch Verbformen können wie Vokabeln mit Vokabelkärtchen gelernt werden. Mit dem Konjugationstraining für unterwegs festigen Sie Ihre Kenntnisse, indem Sie immer die Seite mit dem Infinitiv ansehen und die Stammformen dazu bilden.

Würfeln

Trainieren Sie die Konjugationen unregelmäßiger Verben, indem Sie würfeln. Sie brauchen dazu zwei sechsseitige Würfel. Einen Würfel müssen Sie ein bisschen präparieren und auf jede Würfelseite ein Stück Papier mit einer anderen Zeitform kleben. Denken Sie sich nun ein unregelmäßiges Verb und würfeln Sie mit beiden Würfeln. Der normale Würfel gibt die Person vor (z. B. 1 - *ich*; 2 - *du*; 3 - *er, sie, es*; 4 - *wir*; 5 - *ihr*; 6 - *sie*), der Zeitenwürfel die entsprechende Zeitform. Bilden Sie die korrekte Form und auf zur nächsten Runde!

Vorsingen

Wenn Sie musikalisch sind, hilft es Ihnen vielleicht, wenn Sie kleine Melodien erfinden und sich die Konjugationsmuster oder die Formen mit den Stammvokalwechseln vorsingen. Experimentieren Sie mit Tonhöhe und Rhythmus, oder probieren Sie einen Rap – so prägen Sie sich vor allem häufige Muster gut ein.

Memory

Basteln Sie Memory-Kärtchen! Die Paare können aus *Infinitiv- und Partizipformen oder aus Präsens- und Vergangenheitsformen* etc. bestehen, je nachdem, was Sie besonders üben wollen. Vielleicht finden Sie noch weitere Personen zum Mitspielen.

Alphabetische Verbliste

Die Zahl hinter dem Verb bezeichnet die Nummer, unter der es im Verzeichnis „Stammformen wichtiger Verben" (S. 16 bis 35) zu finden ist.
Die Buchstaben weisen auf die zugehörigen Konjugationstabellen hin. Dabei bedeutet:

aK = a-Konjugation (amāre)
eK = e-Konjugation (monēre)
iK = i-Konjugation (audīre)
kK = konsonantische Konjugation (regere)
gK = gemischte Konjugation (capere)
uV = unregelmäßiges Verb
dV = defektives Verb

aD = Deponens der a-Konjugation (hortārī)
eD = Deponens der e-Konjugation (verērī)
iD = Deponens der i-Konjugation (largīrī)
kD = Deponens der konsonantischen Konjugation (sequī)
gD = Deponens der gemischten Konjugation (patī)
SD = Semideponens der entsprechenden Konjugation

Bei den Komposita der unregelmäßigen Verben steht das als Beispielverb für die Konjugation dienende Simplex.

Die Beispielverben sind in der alphabetischen Verbliste farbig hervorgehoben.
Eine Zahl ohne Konjugationsangabe weist auf ein unpersönliches Verb hin.

A

abdere	465 kK
abdūcere	341 kK
abesse	692 uV esse
abhorrēre	121 eK
abicere	667 gK
abīre	715 uV īre
abluere	575 kK
abolēre	85 eK
absolvere	579 kK
abstergēre	149 eK
abstinēre	107 eK
abstrahere	353 kK
abūtī	602 kD
accēdere	399 kK
accendere	532 kK
accidere	445 kK
accidere	736
accipere	643 gK
accumbere	304 kK
accurrere	454 kK
accusāre	1 aK
acquīrere	257 kK
acuere	555 kK
(ad)iuvāre	32 aK
(ad)mirārī	55 aD
(ad/co)hortārī	48 aD
adaequāre	2 aK
addere	466 kK
addūcere	342 kK
adesse	693 uV esse
adhibēre	91 eK
adicere	668 gK
adimere	500 kK
adipīscī	610 kD
adīre	716 uV īre
admittere	389 kK
admonēre	97 eK
admovēre	165 eK
adolēscere	278 kK
adorīrī	236 iD
advenīre	220 iK
aemulārī	35 aD
afferre	702 uV ferre
afficere	657 gK
afflīgere	358 kK
agere	491 kK
aggredī	687 gD
āgnōscere	275 kK
āiō (āis, āit, āiunt)	731 dV
alere	294 kK
algēre	150 eK
allicere	629 gK
alloquī	591 kD
amāre	3 aK
amicīre	213 iK
āmittere	390 kK
amplectī	604 kD
animadvertere	547 kK
aperīre	199 iK
appārēre	127 eK
appārēre	737
appellere	473 kK
appetere	261 kK
arbitrārī	36 aD
arcēre	86 eK
arcessere	265 kK
ārdēre	137 eK
arguere	572 kK
arripere	626 gK
ascendere	540 kK
ascīscere	279 kK
āspernārī	68 aD
āspicere	632 gK
assentīrī	234 iD
assequī	594 kD
assuēfacere	653 gK
assuēscere	272 kK
attribuere	563 kK
audēre	191 eSD
audīre	193 iK
auferre	703 uV ferre
aufugere	678 gK
augēre	135 eK

dētegere 367 kK
dētrahere 355 kK
dēvertī 622 kSD
dēvincere 519 kK
dēvovēre 177 eK
dīcere 335 kK
differre 706 uV ferre
diffīdere 620 kSD
diffundere 527 kK
dīlābī 586 kD
dīligere 513 kK
dīluere 576 kK
dīmētīrī 241 iD
dīmittere 393 kK
dirimere 502 kK
dīripere 627 gK
discēdere 402 kK
discere 490 kK
discernere 245 kK
displicēre 100 eK
dispōnere 289 kK
dissentīre 216 iK
disserere 302 kK
dissolvere 580 kK
distinguere 377 kK
distribuere 564 kK
dīvidere 411 kK
docēre 104 eK
dolēre 118 eK
domāre 17 aK
dominārī 45 aD
dormīre 194 iK
dūcere 340 kK

E

edere 525 kK
ēdere 461 kK
ēdīcere 336 kK
ēdūcere 345 kK
efferre 707 uV ferre
efficere 660 gK
efflōrēscere 313 kK
effugere 680 gK
effundere 528 kK
egēre 116 eK
ēgredī 688 gD
ēicere 671 gK
ēlābī 587 kD
ēlicere 624 gK
ēligere 511 kK
emere 499 kK
ēminēre 124 eK
ērigere 362 kK
ēripere 628 gK
ērubēscere 314 kK
ērumpere 522 kK
esse 691 uV
ēvādere 421 kK
ēvānēscere 315 kK
ēvellere 549 kK
ēvenīre 223 iK
ēvenīre 743
ēvertere 546 kK
ex(s)istere 435 kK
exārdēscere 431 kK
excēdere 403 kK
excellere 550 kK
excipere 646 gK
excolere 296 kK
excutere 639 gK
exercēre 88 eK
exhaurīre 208 iK
exigere 492 kK
exīre 718 uV īre
exorīrī 237 iD
expedīre 744
expellere 475 kK
expergīscī 616 kD
experīrī 238 iD
expetere 262 kK
explēre 80 eK
explōdere 416 kK
expōnere 290 kK
exquīrere 258 kK
exsecāre 19 aK
exsequī 596 kD
exstinguere 376 kK
exstruere 382 kK
extrahere 356 kK
exuere 566 kK

F

facere 652 gK
fallere 459 kK
fallere 745
farcīre 204 iK
fatērī 185 eD
favēre 162 eK
ferre 701 uV
fīdere 618 kSD
fierī uV
fīgere 423 kK
findere 482 kK
fingere 369 kK
flectere 425 kK
flēre 84 eK
flōrēre 119 eK
fluere 380 kK
fodere 676 gK
fōvēre 163 eK
frangere 497 kK
fremere 282 kK
fruī 599 kD
fugere 677 gK
fugere 746
fulcīre 206 iK
fulgēre 151 eK
fundere 526 kK
fungī 582 kD
furere 551 kK

G

gaudēre 192 eSD
gemere 281 kK
gerere 385 kK
gignere 285 kK
glōriārī 46 aD
gradī 686 gD
grātulārī 47 aD

H

habēre 90 eK
haerēre 138 eK
haurīre 207 iK
horrēre 120 eK
hortārī 48 aD

I

iacere 666 gK
iacēre 122 eK
īgnōscere 277 kK
illicere 630 gK
illūdere 414 kK
imitārī 49 aD
imminēre 125 eK
impellere 476 kK
impendere 452 kK

impendēre 157 eK
implēre 81 eK
impōnere 291 kK
incēdere 404 kK
incendere 533 kK
incidere 447 kK
incipere 651 gK
inclūdere 409 kK
incolere 297 kK
increpāre 14 aK
incumbere 305 kK
indīcere 337 kK
indigēre 117 eK
indīgnārī 44 aD
indūcere 346 kK
induere 565 kK
inesse 695 uV esse
īnferre 708 uV ferre
ingemīscere 316 kK
ingravēscere 317 kK
ingredī 689 gD
inicere 672 gK
inquīrere 259 kK
inquit 732 dV
īnscrībere 328 kK
īnsculpere 331 kK
īnserere 249 kK
instāre 28 aK
īnstituere 559 kK
instruere 383 kK
intellegere 514 kK
intendere 442 kK
interclūdere 410 kK
interdīcere 338 kK
interesse 696 uV esse
interesse 747
interficere 661 gK
interimere 504 kK
interpretārī 50 aD
interrumpere 523 kK
intuērī 184 eD
invādere 422 kK
invenīre 224 iK
invidēre 174 eK
īrāscī 609 kD
īre 714 uV
irrīdēre 146 eK
irruere 569 kK
irrumpere 524 kK

iubēre 139 eK
iungere 373 kK
iūrāre 6 aK
iuvāre 32 aK
iuvāre 748

L

lābī 584 kD
lacessere 267 kK
laedere 412 kK
laetārī 51 aD
lamentārī 52 aD
largīrī 228 iD
latēre 123 eK
laudāre 7 aK
lavāre 33 aK
lavārī 34 aD
legere 508 kK
libēre 749
licēre 750
liquēre 751
loquī 590 kD
lūcēre 152 eK
lūdere 413 kK
luere 574 kK
lūgēre 153 eK

M

mālle 727 uV
manēre 140 eK
mātūrēscere 318 kK
medērī 188 eD
meminisse 729 dV
mentīrī 229 iD
merēre 95 eK
merērī 179 eD
mergere 426 kK
mētīrī 240 iD
metuere 561 kK
micāre 16 aK
minārī 53 aD
minitārī 54 aD
minuere 556 kK
mīrārī 55 aD
miscēre 105 eK
miserārī 56 aD
miserēre 752
miserērī 180 eD
mittere 388 kK

mōlīrī 230 iD
mollīre 195 iK
monēre 96 eK
mōnstrāre 8 aK
morārī 57 aD
mordēre 155 eK
morī 683 gD
movēre 164 eK
mulcēre 143 eK

N

nancīscī 607 kD
nāscī 606 kD
neglegere 515 kK
nītī 603 kD
nocēre 98 eK
nōlle 726 uV
nōscere 274 kK
nūbere 324 kK

O

obicere 673 gK
obīre 719 uV īre
oblīvīscī 614 kD
obruere 570 kK
obsequī 597 kD
obsidēre 171 eK
obsīdere 530 kK
obstāre 29 aK
obtestārī 73 aD
obtinēre 109 eK
occidere 448 kK
occīdere 450 kK
occupāre 10 aK
occurrere 457 kK
ōdisse 730 dV
offendere 535 kK
offerre 709 uV ferre
omittere 394 kK
operīre 200 iK
opīnārī 58 aD
oportēre 753
opperīrī 239 iD
opprimere 430 kK
ōrāre 11 aK
ōrdīrī 242 iD
orīrī 235 iD
ostendere 443 kK

sarcīre .... 211 iK
satisfacere .... 656 gK
scandere .... 539 kK
scindere .... 485 kK
scīre .... 197 iK
scrībere .... 326 kK
scrūtārī .... 67 aD
sculpere .... 330 kK
secāre .... 18 aK
sēcēdere .... 406 kK
sēcernere .... 246 kK
sectārī .... 64 aD
sedēre .... 170 eK
sēiungere .... 375 kK
sentīre .... 214 iK
sepelīre .... 198 iK
sequī .... 593 kD
serere .... 247 kK
serere .... 299 kK
serpere .... 332 kK
silēre .... 130 eK
sinere .... 253 kK
sistere .... 432 kK
sōlārī .... 65 aD
solēre .... 190 eSD
solvere .... 578 kK
sonāre .... 20 aK
sortīrī .... 233 iD
spargere .... 428 kK
speculārī .... 66 aD
spernere .... 250 kK
splendēre .... 131 eK
spondēre .... 158 eK
stāre .... 25 aK
statuere .... 557 kK
sternere .... 251 kK
strepere .... 283 kK
stringere .... 371 kK
struere .... 381 kK
studēre .... 129 eK
suādēre .... 147 eK
subdūcere .... 350 kK
subicere .... 674 gK
subigere .... 495 kK
subīre .... 722 uV īre
subvenīre .... 226 iK
succēdere .... 407 kK
succumbere .... 307 kK
succurrere .... 458 kK
sūmere .... 506 kK
superesse .... 698 uV esse
suppetere .... 264 kK
supplēre .... 82 eK
surgere .... 365 kK
suscēnsēre .... 114 eK
suscipere .... 650 gK
suspicārī .... 70 aD
sustinēre .... 112 eK

T

tacēre .... 101 eK
taedēre 761
tangere .... 438 kK
tegere .... 366 kK
tendere .... 440 kK
tenēre .... 106 eK
terere .... 255 kK
terrēre .... 102 eK
testārī .... 72 aD
texere .... 303 kK
timēre .... 132 eK
tingere .... 378 kK
tollere .... 713 uV ferre
tollere .... 487 kK
tonāre .... 21 aK
tondēre .... 160 eK
torquēre .... 136 eK
trādere .... 464 kK
trādūcere .... 351 kK
trahere .... 352 kK
trāicere .... 675 gK
trānscendere .... 542 kK
trānsferre .... 712 uV ferre
trānsfīgere .... 424 kK
trānsilīre .... 203 iK
trānsīre .... 723 uV īre
tremere .... 284 kK
tribuere .... 562 kK
trūdere .... 417 kK
tuērī .... 183 eD
tundere .... 478 kK
tūtārī .... 74 aD

U

ulcīscī .... 608 kD
unguere .... 379 kK
ūrere .... 386 kK
urgēre .... 154 eK
ūtī .... 601 kD

V

vādere .... 420 kK
vagārī .... 75 aD
valēre .... 133 eK
vehere .... 357 kK
vehī .... 589 kD
velle .... 725 uV
vēnārī .... 76 aD
vendere .... 470 kK
venerārī .... 77 aD
venīre .... 219 iK
vēnīre .... 724 uV īre
verērī .... 181 eD
vergere .... 552 kK
verrere .... 553 kK
versārī .... 78 aD
vertere .... 543 kK
vēscī .... 615 kD
vetāre .... 22 aK
vidēre .... 173 eK
vidērī .... 189 eD
vigēre .... 134 eK
vincere .... 517 kK
vincīre .... 212 iK
vīsere .... 554 kK
vīvere .... 384 kK
volvere .... 581 kK
vomere .... 293 kK
vovēre .... 176 eK

Stammformen wichtiger Verben

Verben der a-Konjugation

v-Perfekt

1	accusāre	accusō	accusāvī	accusātum	*anklagen*
2	adaequāre	adaequō	adaequāvī	adaequātum	*gleichmachen, gleichkommen*
3	amāre	amō	amāvī	amātum	*lieben*
4	cantāre	cantō	cantāvī	cantātum	*singen*
5	cēlāre	cēlō	cēlāvī	cēlātum	*verbergen, verhüllen, bedecken*
6	iūrāre	iūrō	iūrāvī	iūrātum	*schwören*
7	laudāre	laudō	laudāvī	laudātum	*loben*
8	mōnstrāre	mōnstrō	mōnstrāvī	mōnstrātum	*zeigen, hinweisen*
9	dēmōnstrāre	dēmōnstrō	dēmōnstrāvī	dēmōnstrātum	*bezeichnen, beweisen*
10	occupāre	occupō	occupāvī	occupātum	*besetzen, einnehmen, angreifen*
11	ōrāre	ōrō	ōrāvī	ōrātum	*sprechen, bitten*
12	probāre	probō	probāvī	probātum	*prüfen, billigen*

u-Perfekt

13	crepāre	crepō	crepuī	crepitum	*krachen, knarren*
14	increpāre	increpō	increpuī	increpitum	*anschreien, schimpfen*
15	cubāre	cubō	cubuī	cubitum	*liegen*
16	micāre	micō	micuī	-	*schimmern, zucken*
17	domāre	domō	domuī	domitum	*bändigen, zähmen*
18	secāre	secō	secuī	sectum	*(ab)schneiden*
19	exsecāre	exsecō	exsecuī	exsectum	*herausschneiden*
20	sonāre	sonō	sonuī	sonātūrus	*tönen, ertönen lassen*
21	tonāre	tonō	tonuī	-	*donnern*
22	vetāre	vetō	vetuī	vetitum	*verbieten*

Reduplikationsperfekt

23	dare	dō	dedī	datum	*geben*
24	circumdare	circumdō	circumdedī	circumdatum	*umgeben*
25	stāre	stō	stetī	stātūrus	*stehen*
26	circumstāre	circumstō	circumstetī	-	*herumstehen, umringen*
27	cōnstāre	cōnstō	cōnstitī	cōnstātūrus	*bestehen, kosten, feststehen*
		cōnstat	cōnstitit		*es steht fest*
28	instāre	instō	institī	-	*bevorstehen, drohen, zusetzen*
29	obstāre	obstō	obstitī	-	*im Wege stehen, hindern*
30	praestāre	praestō	praestitī	praestātūrus	(Dat.) *voranstehen, übertreffen,* (Akk.) *leisten, erweisen*
		praestat	praestitit		*es ist besser*
31	restāre	restō	restitī	-	*übrig bleiben*

Dehnungsperfekt

32	(ad)iuvāre	(ad)iuvō	(ad)iūvī	(ad)iūtum	*unterstützen, helfen*
		iuvat	iūvit		*es freut*
33	lavāre	lavō	lāvī	-	*waschen*
				lautus	*rein*

Deponentien

34	lavārī	lavor	lautus sum	*sich waschen, baden*
35	aemulārī	aemulor	aemulātus sum	*nacheifern*
36	arbitrārī	arbitror	arbitrātus sum	*glauben, meinen*
37	auxiliārī	auxilior	auxiliātus sum	*helfen*
38	comitārī	comitor	comitātus sum	*begleiten*
39	cōnārī	cōnor	cōnātus sum	*versuchen*
40	percontārī	percontor	percontātus sum	*fragen, erforschen*
41	cōntiōnārī	cōntiōnor	cōntiōnātus sum	*eine Rede halten*
42	recordārī	recordor	recordātus sum	*sich erinnern*
43	cūnctārī	cūnctor	cūnctātus sum	*zögern, zaudern*
44	indīgnārī	indīgnor	indīgnātus sum	*unwillig sein*
45	dominārī	dominor	dominātus sum	*herrschen*
46	glōriārī	glōrior	glōriātus sum	*sich rühmen*
47	grātulārī	grātulor	grātulātus sum	*Glück wünschen*
48	(ad/co)hortārī	(ad/co)hortor	(ad/co)hortātus sum	*ermahnen, antreiben*
49	imitārī	imitor	imitātus sum	*nachahmen*
50	interpretārī	interpretor	interpretātus sum	*erklären, deuten*
51	laetārī	laetor	laetātus sum	*sich freuen*
52	lamentārī	lamentor	lamentātus sum	*wehklagen, jammern*
53	minārī	minor	minātus sum	*drohen, bedrohen*
54	minitārī	minitor	minitātus sum	*drohen, bedrohen*
55	(ad)mirārī	(ad)miror	(ad)mirātus sum	*sich wundern, bewundern*
56	miserārī	miseror	miserātus sum	*bedauern, beklagen*
57	morārī	moror	morātus sum	*sich/jmd. aufhalten*
58	opīnārī	opīnor	opīnātus sum	*meinen*
59	perīclitārī	perīclitor	perīclitātus sum	*versuchen, Gefahr laufen*
60	populārī	populor	populātus sum	*verwüsten*
61	praedārī	praedor	praedātus sum	*Beute machen*
62	precārī	precor	precātus sum	*bitten, beten*
63	proeliārī	proelior	proeliātus sum	*kämpfen*
64	(cōn)sectārī	(cōn)sector	(cōn)sectātus sum	*nachjagen*
65	(cōn)sōlārī	(cōn)sōlor	(cōn)sōlātus sum	*trösten*
66	speculārī	speculor	speculātus sum	*auskundschaften*
67	(per)scrūtārī	(per)scrūtor	(per)scrūtātus sum	*durchsuchen, erforschen*
68	āspernārī	āspernor	āspernātus sum	*verschmähen*
69	cōnspicārī	cōnspicor	cōnspicātus sum	*erblicken*
70	suspicārī	suspicor	suspicātus sum	*vermuten*
71	contemplārī	contemplor	contemplātus sum	*betrachten*
72	testārī	testor	testātus sum	*als Zeugen anrufen, bezeugen*
73	obtestārī	obtestor	obtestātus sum	*anflehen, beschwören*

74	tūtārī	tūtor	tūtātus sum		*schützen*
75	vagārī	vagor	vagātus sum		*umherstreifen*
76	vēnārī	vēnor	vēnātus sum		*jagen*
77	venerārī	veneror	venerātus sum		*verehren*
78	versārī	versor	versātus sum		*sich aufhalten*

Verben der e-Konjugation

v-Perfekt

79	complēre	compleō	complēvī	complētum	*(an)füllen, erfüllen*
80	explēre	expleō	explēvī	explētum	*ausfüllen*
81	implēre	impleō	implēvī	implētum	*(an)füllen, erfüllen*
82	supplēre	suppleō	supplēvī	supplētum	*ergänzen*
83	dēlēre	dēleō	dēlēvī	dēlētum	*zerstören, vernichten*
84	flēre	fleō	flēvī	flētum	*weinen*
85	abolēre	aboleō	abolēvī	abolitum	*abschaffen*

u-Perfekt

86	arcēre	arceō	arcuī	-	*abhalten, abwehren*
87	coercēre	coerceō	coercuī	coercitum	*zusammenhalten, zügeln, maßregeln*
88	exercēre	exerceō	exercuī	-	*üben, (sich) plagen*
				exercitātus	*geübt*
				exercitus	*geplagt*
89	calēre	caleō	caluī	calitūrus	*warm sein, glühen*
90	habēre	habeō	habuī	habitum	*haben, halten*
91	adhibēre	adhibeō	adhibuī	adhibitum	*anwenden, hinzuziehen*
92	prohibēre	prohibeō	prohibuī	prohibitum	*abhalten, hindern*
93	dēbēre	dēbeō	dēbuī	dēbitum	*schulden, müssen, danken*
94	praebēre	praebeō	praebuī	praebitum	*darreichen, gewähren*
95	merēre	mereō	meruī	meritum	*verdienen*
96	monēre	moneō	monuī	monitum	*(er)mahnen*
97	admonēre	admoneō	admonuī	admonitum	*(er)mahnen, erinnern*
98	nocēre	noceō	nocuī	nocitūrus	*schaden*
99	placēre	placeō	placuī	-	*gefallen*
		placet	placuit	placitum	*es gefällt, man beschließt*
100	displicēre	displiceō	displicuī	-	*missfallen*
101	tacēre	taceō	tacuī	-	*(ver)schweigen*
				tacitus	*verschwiegen*
102	terrēre	terreō	terruī	territum	*jmd. erschrecken*
103	perterrēre	perterreō	perterruī	perterritum	*jmd. erschrecken, einschüchtern*
104	docēre	doceō	docuī	doctum	*lehren, unterrichten*
105	miscēre	misceō	miscuī	mixtum	*mischen*
106	tenēre	teneō	tenuī	-	*halten*
107	abstinēre	abstineō	abstinuī	-	*sich fernhalten, sich enthalten*
108	continēre	contineō	continuī	-	*zusammenhalten*
				contentus	*zufrieden*

109	obtinēre	obtineō	obtinuī	obtentum	*festhalten, behaupten, besitzen*
110	pertinēre	pertineō	pertinuī	-	*sich erstrecken, sich beziehen*
111	retinēre	retineō	retinuī	retentum	*zurückhalten*
112	sustinēre	sustineō	sustinuī	(sustentātum)	*aufhalten*
113	cēnsēre	cēnseō	cēnsuī	cēnsum	*schätzen, meinen*
114	suscēnsēre	suscēnseō	suscēnsuī	-	*zürnen, wütend sein*
115	carēre	careō	caruī	-	*entbehren, nicht haben*
116	egēre	egeō	eguī	-	*brauchen, Mangel haben*
117	indigēre	indigeō	indiguī	-	*brauchen, Mangel haben*
118	dolēre	doleō	doluī	-	*Schmerz empfinden, leiden*
119	flōrēre	flōreō	flōruī	-	*blühen*
120	horrēre	horreō	horruī	-	*schaudern*
121	abhorrēre	abhorreō	abhorruī	-	*zurückschrecken (vor)*
122	iacēre	iaceō	iacuī	iacitūrus	*liegen*
123	latēre	lateō	latuī	-	*verborgen sein*
124	ēminēre	ēmineō	ēminuī	-	*herausragen, hervorragen*
125	imminēre	immineō	-	-	*hineinragen, drohen*
126	pārēre	pāreō	pāruī	-	*gehorchen*
127	appārēre	appāreō	appāruī	-	*erscheinen, sich zeigen*
		appāret	appāruit		*es ist offenkundig*
128	patēre	pateō	patuī	-	*sich erstrecken, offenstehen*
129	studēre	studeō	studuī	-	*sich bemühen, versuchen*
130	silēre	sileō	siluī	-	*schweigen*
131	splendēre	splendeō	-	-	*glänzen*
132	timēre	timeō	timuī	-	*(sich) fürchten*
133	valēre	valeō	valuī	-	*gesund sein, Einfluss haben, vermögen*
134	vigēre	vigeō	viguī	-	*frisch/kräftig sein*

s-Perfekt

135	augēre	augeō	auxī	auctum	*vermehren, fördern*
136	torquēre	torqueō	torsī	tortum	*drehen, foltern*
137	ārdēre	ārdeō	ārsī	ārsūrus	*brennen, glühen*
138	haerēre	haereō	haesī	haesūrus	*hängen, stecken (bleiben)*
139	iubēre	iubeō	iussī	iussum	*befehlen, beauftragen*
140	manēre	maneō	mānsī	mānsūrus	*bleiben, warten (auf)*
141	permanēre	permaneō	permānsī	permānsūrus	*verharren, fortdauern*
142	remanēre	remaneō	remānsī	-	*zurückbleiben*
143	mulcēre	mulceō	mulsī	mulsum	*besänftigen, streicheln*
144	permulcēre	permulceō	permulsī	permulsum	*besänftigen, streicheln*
145	rīdēre	rīdeō	rīsī	rīsum	*lachen, auslachen*
146	irrīdēre	irrīdeō	irrīsī	irrīsum	*verspotten, auslachen*
147	suādēre	suādeō	suāsī	suāsum	*raten, zureden*
148	persuādēre	persuādeō	persuāsī	persuāsum	(ut) *überreden,* (AcI) *überzeugen*
149	abstergēre	abstergeō	abstersī	abstersum	*abwischen*
150	algēre	algeō	alsī	-	*frieren*
151	fulgēre	fulgeō	fulsī	-	*blitzen, strahlen*
152	lūcēre	lūceō	lūxī	-	*leuchten*

153	lūgēre	lūgeō	lūxī	-	*(be)trauern*
154	urgēre	urgeō	ursī	-	*(be)drängen*

Reduplikationsperfekt

*Bei diesem Kompositum keine Reduplikation

155	mordēre	mordeō	momordī	morsum	*beißen*
156	pendēre	pendeō	pependī	-	*hängen, schweben*
157	impendēre	impendeō	-	-	*bevorstehen, drohen*
158	spondēre	spondeō	spopondī	spōnsum	*geloben, versprechen*
159	respondēre	respondeō	respondī*	respōnsum	*antworten*
160	tondēre	tondeō	totondī	tōnsum	*scheren*

Dehnungsperfekt

161	cavēre	caveō	cāvī	cautum	*achtgeben,* (Akk.) *sich hüten vor*
162	favēre	faveō	fāvī	fautum	*gewogen sein, begünstigen*
163	fovēre	foveō	fōvī	fōtum	*wärmen*
164	movēre	moveō	mōvī	mōtum	*bewegen*
165	admovēre	admoveō	admōvī	admōtum	*heranbringen, nähern*
166	commovēre	commoveō	commōvī	commōtum	*bewegen, erregen*
167	permovēre	permoveō	permōvī	permōtum	*veranlassen*
168	prōmovēre	prōmoveō	prōmōvī	prōmōtum	*vorrücken lassen*
169	removēre	removeō	remōvī	remōtum	*entfernen, wegschaffen*
170	sedēre	sedeō	sēdī	sessum	*sitzen*
171	obsidēre	obsideō	obsēdī	obsessum	*belagern*
172	possidēre	possideō	possēdī	possessum	*besitzen*
173	vidēre	videō	vīdī	vīsum	*sehen*
174	invidēre	invideō	invīdī	invīsum	*missgönnen, beneiden*
175	prōvidēre	prōvideō	prōvīdī	prōvīsum	(Akk.) *vorhersehen,* (Dat.) *sorgen für*
176	vovēre	voveō	vōvī	vōtum	*geloben*
177	dēvovēre	dēvoveō	dēvōvī	dēvōtum	*(als Opfer) weihen, verwünschen, verfluchen*

Deponentien

178	pollicērī	polliceor	pollicitus sum		*versprechen*
179	merērī	mereor	meritus sum		*verdienen, sich verdient machen*
180	miserērī	misereor	miseritus sum		*sich erbarmen*
181	verērī	vereor	veritus sum		*(sich) scheuen, fürchten, ehren*
182	rērī	reor	ratus sum		*rechnen, meinen*
183	tuērī	tueor	tuitus sum		*schützen*
			tūtus		*sicher*
184	intuērī	intueor	intuitus sum		*betrachten*
185	fatērī	fateor	fassus sum		*bekennen, gestehen*
186	cōnfitērī	cōnfiteor	cōnfessus sum		*bekennen, gestehen*
187	profitērī	profiteor	professus sum		*offen erklären*
188	medērī	medeor	-		*heilen*
189	vidērī	videor	vīsus sum		*scheinen*

Semideponentien

190	solēre	soleō	solitus sum	*pflegen, gewohnt sein*
191	audēre	audeō	ausus sum	*wagen*
192	gaudēre	gaudeō	gāvīsus sum	*sich freuen*

Verben der i-Konjugation

v-Perfekt

193	audīre	audiō	audīvī	audītum	*hören*
194	dormīre	dormiō	dormīvī	dormītum	*schlafen*
195	mollīre	molliō	mollīvī	mollītum	*weich machen, mildern, besänftigen*
196	pūnīre	pūniō	pūnīvī	pūnītum	*bestrafen*
197	scīre	sciō	scīvī	scītum	*wissen*
198	sepelīre	sepeliō	sepelīvī	sepultum	*bestatten*

u-Perfekt

199	aperīre	aperiō	aperuī	apertum	*öffnen, aufdecken*
200	operīre	operiō	operuī	opertum	*bedecken, verschließen*
201	salīre	saliō	saluī	-	*springen, hüpfen*
202	dēsilīre	dēsiliō	dēsiluī	-	*herabspringen*
203	trānsilīre	trānsiliō	trānsiluī	-	*überspringen*

s-Perfekt

204	farcīre	farciō	farsī	fartum	*stopfen*
205	refercīre	referciō	refersī	refertum	*vollstopfen*
206	fulcīre	fulciō	fulsī	fultum	*stützen, hochhalten*
207	haurīre	hauriō	hausī	haustum	*trinken, schöpfen*
208	exhaurīre	exhauriō	exhausī	exhaustum	*erschöpfen*
209	saepīre	saepiō	saepsī	saeptum	*einzäunen*
210	sancīre	granciō	sānxī	sānctum	*heiligen, festsetzen*
211	sarcīre	sarciō	sarsī	sartum	*flicken, ausbessern*
212	vincīre	vinciō	vīnxī	vīnctum	*fesseln, binden*
213	amicīre	amiciō	-	amictum	*umhüllen*
214	sentīre	sentiō	sēnsī	sēnsum	*fühlen, meinen*
215	cōnsentīre	cōnsentiō	cōnsēnsī	cōnsēnsum	*übereinstimmen*
216	dissentīre	dissentiō	dissēnsī	dissēnsum	*abweichen, anderer Meinung sein*

Reduplikationsperfekt

217	reperīre	reperiō	repperī	repertum	*finden*
218	comperīre	comperiō	comperī	compertum	*erfahren*

Dehnungsperfekt

219	venīre	veniō	vēnī	ventum	*kommen*
220	advenīre	adveniō	advēnī	adventum	*ankommen*
221	circumvenīre	circumveniō	circumvēnī	circumventum	*umzingeln, bedrängen*

222	convenīre	conveniō	convēnī	conventum	*zusammenkommen, antreffen, besuchen*
223	ēvenīre	ēvenit	ēvēnit	-	*sich ereignen, vorkommen*
224	invenīre	inveniō	invēnī	inventum	*finden, erfinden*
225	pervenīre	perveniō	pervēnī	perventum	*(ans Ziel) gelangen*
226	subvenīre	subveniō	subvēnī	subventum	*zu Hilfe kommen*

Deponentien

227	blandīrī	blandior	blandītus sum	*schmeicheln*
228	largīrī	largior	largītus sum	*spenden, schenken*
229	mentīrī	mentior	mentītus sum	*ersinnen, lügen*
230	mōlīrī	mōlior	mōlītus sum	*in Bewegung setzen, unternehmen*
231	partīrī	partior	partītus sum	*teilen*
232	potīrī	potior	potītus sum	(Abl.) *sich bemächtigen*
233	sortīrī	sortior	sortītus sum	*erlosen, erlangen*
234	assentīrī	assentior	assēnsus sum	*zustimmen*
235	orīrī	orior	ortus sum	*entstehen, aufgehen*
236	adorīrī	adorior	adortus sum	*angreifen*
237	exorīrī	exorior	exortus sum	*hervorkommen; aufgehen*
238	experīrī	experior	expertus sum	*versuchen, erproben*
239	opperīrī	opperior	oppertus sum	*(er)warten*
240	mētīrī	mētior	mēnsus sum	*messen*
241	dīmētīrī	dīmētior	dīmēnsus sum	*ausmessen, vermessen*
242	ōrdīrī	ōrdior	ōrsus sum	*anfangen, beginnen*

Verben der konsonantischen Konjugation

v-Perfekt

243	cernere	cernō	crēvī	crētum	*sehen, sichten*
244	dēcernere	dēcernō	dēcrēvī	dēcrētum	*entscheiden, beschließen*
245	discernere	discernō	discrēvī	discrētum	*scheiden, unterscheiden*
246	sēcernere	sēcernō	sēcrēvī	sēcrētum	*absondern, trennen*
247	serere	serō	sēvī	satum	*säen, pflanzen*
248	cōnserere	cōnserō	cōnsēvī	cōnsitum	*bepflanzen*
249	īnserere	īnserō	īnsēvī	īnsitum	*bepflanzen, einpflanzen*
250	spernere	spernō	sprēvī	sprētum	*zurückweisen, verschmähen*
251	sternere	sternō	strāvī	strātum	*hinbreiten, zu Boden strecken*
252	prōsternere	prōsternō	prōstrāvī	prōstrātum	*zu Boden strecken, niederwerfen*
253	sinere	sinō	sīvī	situm	*lassen, zulassen*
254	dēsinere	dēsinō	dēsiī	dēsitum	*ablassen, aufhören*
255	terere	terō	trīvī	trītum	*reiben, (Zeit) verschwenden*
256	quaerere	quaerō	quaesīvī	quaesītum	*suchen, fragen* (ex, ab)
257	acquīrere	acquīrō	acquīsīvī	acquīsītum	*erwerben*
258	exquīrere	exquīrō	exquīsīvī	exquīsītum	*(heraus)suchen, untersuchen*
259	inquīrere	inquīrō	inquīsīvī	inquīsītum	*untersuchen*
260	petere	petō	petīvī	petītum	*erstreben, (er)bitten, verlangen*

261	appetere	appetō	appetīvī	appetītum	*begehren*
262	expetere	expetō	expetīvī	expetītum	*erstreben*
263	repetere	repetō	repetīvī	repetītum	*zurückfordern, wiederholen*
264	suppetere	suppetō	suppetīvī	-	*(ausreichend) vorhanden sein*
265	arcessere	arcessō	arcessīvī	arcessītum	*herbeiholen*
266	capessere	capessō	capessīvī	capessītum	*ergreifen*
267	lacessere	lacessō	lacessīvī	lacessītum	*reizen, herausfordern*
268	crēscere	crēscō	crēvī	crētum	*wachsen, zunehmen*
269	pāscere	pāscō	pāvī	pāstum	*füttern, weiden*
270	quiēscere	quiēscō	quiēvī	-	*(aus)ruhen*
271	rēquiēscere	rēquiēscō	rēquiēvī	-	*ausruhen*
272	assuēscere	assuēscō	assuēvī	-	*sich gewöhnen an*
				assuētus	*gewohnt*
273	cōnsuēscere	cōnsuēscō	cōnsuēvī	-	*sich gewöhnen an*
274	nōscere	nōscō	nōvī	-	*kennenlernen, erkennen*
				nōtus	*bekannt*
275	āgnōscere	āgnōscō	āgnōvī	āgnitum	*erkennen, anerkennen*
276	cōgnōscere	cōgnōscō	cōgnōvī	cōgnitum	*erfahren, erkennen*
277	īgnōscere	īgnōscō	īgnōvī	īgnōtum	*verzeihen*
278	adolēscere	adolēscō	adolēvī	-	*heranwachsen*
				adultus	*herangewachsen*
279	ascīscere	ascīscō	ascīvī	ascītum	*jmd. aufnehmen*
280	concupīscere	concupīscō	concupīvī	concupītum	*begehren*

u-Perfekt

281	gemere	gemō	gemuī	-	*seufzen, stöhnen*
282	fremere	fremō	fremuī	-	*brummen, murren*
283	strepere	strepō	strepuī	-	*rauschen, lärmen*
284	tremere	tremō	tremuī	-	*zittern*
285	gīgnere	gīgnō	genuī	genitum	*(er)zeugen, hervorbringen*
286	pōnere	pōnō	posuī	positum	*setzen, stellen, legen*
287	compōnere	compōnō	composuī	compositum	*zusammenstellen, ordnen, verfassen*
288	dēpōnere	dēpōnō	dēposuī	dēpositum	*niederlegen, ablegen*
289	dispōnere	dispōnō	disposuī	dispositum	*verteilen, ordnen*
290	expōnere	expōnō	exposuī	expositum	*aussetzen, darlegen*
291	impōnere	impōnō	imposuī	impositum	*hineinlegen, aufbürden*
292	prōpōnere	prōpōnō	prōposuī	prōpositum	*vorlegen, in Aussicht stellen*
293	vomere	vomō	vomuī	vomitum	*erbrechen, spucken*
294	alere	alō	aluī	al(i)tum	*nähren, fördern*
295	colere	colō	coluī	cultum	*bebauen, pflegen, ehren, (be)wohnen*
296	excolere	excolō	excoluī	excultum	*ausbilden*
297	incolere	incolō	incoluī	incultum	*bewohnen, siedeln*
298	cōnsulere	cōnsulō	cōnsuluī	cōnsultum	(Akk.) *befragen, beraten,* (Dat.) *sorgen für*
299	serere	serō	seruī	sertum	*aneinanderreihen*
300	cōnserere	cōnserō	cōnseruī	cōnsertum	*zusammenreihen, -fügen*
301	dēserere	dēserō	dēseruī	dēsertum	*verlassen, im Stich lassen*

302	disserere	disserō	disseruī	(disputātum)	*auseinandersetzen, erörtern*
303	texere	texō	texuī	textum	*weben*
304	accumbere	accumbō	accubuī	(accubitum)	*sich zu Tische legen*
305	incumbere	incumbō	incubuī	incubitum	*sich verlegen auf*
306	prōcumbere	prōcumbō	prōcubuī	prōcubitūrus	*sich niederwerfen*
307	succumbere	succumbō	succubuī	succubitūrus	*unterliegen*
308	coalēscere	coalēscō	coaluī	-	*zusammenwachsen*
309	cōnsenēscere	cōnsenēscō	cōnsenuī	-	*altern*
310	conticēscere	conticēscō	conticuī	-	*verstummen*
311	contremīscere	contremīscō	contremuī	-	*erzittern*
312	convalēscere	convalēscō	convaluī	-	*gesund/stark werden*
313	efflōrēscere	efflōrēscō	efflōruī	-	*aufblühen*
314	ērubēscere	ērubēscō	ērubuī	-	*erröten*
315	ēvānēscere	ēvānēscō	ēvānuī	-	*verschwinden*
316	ingemīscere	ingemīscō	ingemuī	-	*seufzen*
317	ingravēscere	ingravēscō	-	-	*schwerer werden*
318	mātūrēscere	mātūrēscō	mātūruī	-	*reif werden*
319	perhorrēscere	perhorrēscō	perhorruī	-	*erschaudern*
320	contimēscere	contimēscō	contimuī	-	*in Furcht geraten*
321	pertimēscere	pertimēscō	pertimuī	-	*in Furcht geraten*

s-Perfekt

322	carpere	carpō	carpsī	carptum	*pflücken*
323	dēcerpere	dēcerpō	dēcerpsī	dēcerptum	*abpflücken*
324	nūbere	nūbō	nūpsī	nuptum	*heiraten*
325	rēpere	rēpō	rēpsī	rēptum	*kriechen*
326	scrībere	scrībō	scrīpsī	scrīptum	*schreiben*
327	dēscrībere	dēscrībō	dēscrīpsī	dēscrīptum	*beschreiben*
328	īnscrībere	īnscrībō	īnscrīpsī	īnscrīptum	*einschreiben*
329	prōscrībere	prōscrībō	prōscrīpsī	prōscrīptum	*bekannt machen, ächten*
330	sculpere	sculpō	sculpsī	sculptum	*meißeln*
331	īnsculpere	īnsculpō	īnsculpsī	īnsculptum	*einmeißeln*
332	serpere	serpō	serpsī	-	*kriechen*
333	contemnere	contemnō	contempsī	contemptum	*verachten, nicht beachten*
334	coquere	coquō	coxī	coctum	*kochen*
335	dīcere	dīcō	dīxī	dictum	*sagen, sprechen*
336	ēdīcere	ēdīcō	ēdīxī	ēdictum	*verordnen*
337	indīcere	indīcō	indīxī	indictum	*ankündigen*
338	interdīcere	interdīcō	interdīxī	interdictum	*verbieten*
339	praedīcere	praedīcō	praedīxī	praedictum	*vorhersagen*
340	dūcere	dūcō	dūxī	ductum	*führen, halten für*
341	abdūcere	abdūcō	abdūxī	abductum	*wegführen, abbringen*
342	addūcere	addūcō	addūxī	adductum	*hinführen, veranlassen*
343	condūcere	condūcō	condūxī	conductum	*zusammenführen, anwerben, mieten*
		condūcit	condūxit		*es nützt*
344	dēdūcere	dēdūcō	dēdūxī	dēductum	*hinabführen, wegführen*
345	ēdūcere	ēdūcō	ēdūxī	ēductum	*herausführen*
346	indūcere	indūcō	indūxī	inductum	*(hin)einführen, verleiten*

347	perdūcere	perdūcō	perdūxī	perductum	*(ans Ziel) bringen*
348	prōdūcere	prōdūcō	prōdūxī	prōdūctum	*vorführen, hervorbringen*
349	redūcere	redūcō	redūxī	reductum	*zurückführen*
350	subdūcere	subdūcō	subdūxī	subductum	*wegbringen, entziehen*
351	trādūcere	trādūcō	trādūxī	trāductum	*hinüberführen*
352	trahere	trahō	trāxī	tractum	*ziehen, schleppen*
353	abstrahere	abstrahō	abstrāxī	abstractum	*wegschleppen, entziehen*
354	contrahere	contrahō	contrāxī	contractum	*zusammenziehen*
355	dētrahere	dētrahō	dētrāxī	dētractum	*herabziehen, wegnehmen*
356	extrahere	extrahō	extrāxī	extractum	*herausziehen*
357	vehere	vehō	vēxī	vectum	*bewegen, fahren* (trans.)
358	afflīgere	afflīgō	afflīxī	afflīctum	*anschlagen*
359	cōnflīgere	cōnflīgō	cōnflīxī	cōnflictum	*zusammengeraten, kämpfen*
360	regere	regō	rēxī	rēctum	*lenken, leiten*
361	corrigere	corrigō	corrēxī	corrēctum	*berichtigen, verbessern*
362	ērigere	ērigō	ērēxī	ērēctum	*aufrichten, ermutigen*
363	porrigere	porrigō	porrēxī	porrēctum	*hinstrecken, darreichen*
364	pergere	pergō	perrēxī	perrēctum	*fortfahren (zu tun)*
365	surgere	surgō	surrēxī	surrēctum	*sich erheben, aufstehen*
366	tegere	tegō	tēxī	tēctum	*decken, bedecken*
367	dētegere	dētegō	dētēxī	dētēctum	*aufdecken, entdecken*
368	prōtegere	prōtegō	prōtēxī	prōtēctum	*schützen, beschirmen*
369	fingere	fingō	fīnxī	fictum	*gestalten, erdichten*
370	pingere	pingō	pīnxī	pictum	*(be)malen, ausmalen*
371	stringere	stringō	strīnxī	strictum	*schnüren, streifen, (das Schwert) ziehen*
372	cingere	cingō	cīnxī	cīnctum	*(um)gürten, umgeben*
373	iungere	iungō	iūnxī	iūnctum	*verbinden*
374	coniungere	coniungō	coniūnxī	coniūnctum	*verbinden*
375	sēiungere	sēiungō	sēiūnxī	sēiūnctum	*trennen*
376	exstinguere	exstinguō	exstīnxī	exstīnctum	*auslöschen*
377	distinguere	distinguō	distīnxī	distīnctum	*unterscheiden*
378	tingere	tingō	tīnxī	tīnctum	*färben*
379	unguere	unguō	ūnxī	ūnctum	*salben*
380	fluere	fluō	flūxī	-	*fließen*
381	struere	struō	strūxī	strūctum	*bauen*
382	exstruere	exstruō	exstrūxī	exstrūctum	*aufhäufen, errichten*
383	īnstruere	īnstruō	īnstrūxī	īnstrūctum	*aufstellen, ausstatten, unterrichten*
384	vīvere	vīvō	vīxī	vīctūrus	*leben*
385	gerere	gerō	gessī	gestum	*(aus)führen, tragen*
386	ūrere	ūrō	ussī	ustum	*etw. (ver)brennen*
387	combūrere	combūrō	combussī	combustum	*verbrennen*
388	mittere	mittō	mīsī	missum	*gehen lassen, schicken*
389	admittere	admittō	admīsī	admissum	*zulassen*
390	āmittere	āmittō	āmīsī	āmissum	*verlieren*
391	committere	committō	commīsī	commissum	*zusammenbringen, ausführen, anvertrauen, begehen*
392	dēmittere	dēmittō	dēmīsī	dēmissum	*hinab-/herablassen, senken*

393	dīmittere	dīmittō	dīmīsī	dīmissum	*entlassen, aufgeben*
394	omittere	omittō	omīsī	omissum	*aufgeben, (unter)lassen*
395	permittere	permittō	permīsī	permissum	*überlassen, erlauben*
396	prōmittere	prōmittō	prōmīsī	prōmissum	*versprechen*
397	remittere	remittō	remīsī	remissum	*zurückschicken, nachlassen*
398	cēdere	cēdō	cessī	cessūrus	*gehen, weichen*
399	accēdere	accēdō	accessī	accessūrus	*heranrücken, hinzutreten*
400	concēdere	concēdō	concessī	concessum	*weichen, zugeben*
401	dēcēdere	dēcēdō	dēcessī	-	*weggehen, sterben*
402	discēdere	discēdō	discessī	-	*weggehen, scheiden*
403	excēdere	excēdō	excessī	-	*heraus-/hinausgehen (über)*
404	incēdere	incēdō	incessī	-	*eindringen, (feierlich) schreiten*
405	prōcēdere	prōcēdō	prōcessī	-	*vorrücken*
406	sēcēdere	sēcēdō	sēcessī	-	*beiseite gehen, weggehen*
407	succēdere	succēdō	successī	-	*nachrücken, nachfolgen*
408	claudere	claudō	clausī	clausum	*(ab)schließen, versperren*
409	inclūdere	inclūdō	inclūsī	inclūsum	*einschließen*
410	interclūdere	interclūdō	interclūsī	interclūsum	*absperren*
411	dīvidere	dīvidō	dīvīsī	dīvīsum	*trennen, teilen*
412	laedere	laedō	laesī	laesum	*verletzen, stoßen*
413	lūdere	lūdō	lūsī	lūsum	*spielen, scherzen*
414	illūdere	illūdō	illūsī	illūsum	*verspotten*
415	plaudere	plaudō	plausī	plausum	*(Beifall) klatschen*
416	explōdere	explōdō	explōsī	explōsum	*auszischen*
417	trūdere	trūdō	trūsī	trūsum	*stoßen*
418	rādere	rādō	rāsī	rāsum	*schaben*
419	rōdere	rōdō	rōsī	rōsum	*nagen*
420	vādere	vādō	-	-	*gehen*
421	ēvādere	ēvādō	ēvāsī	ēvāsūrus	*herausgehen, entkommen*
422	invādere	invādō	invāsī	invāsūrus	*eindringen, angreifen*
423	fīgere	fīgō	fīxī	fīxum	*anheften, befestigen*
424	trānsfīgere	trānsfīgō	trānsfīxī	trānsfīxum	*durchbohren*
425	flectere	flectō	flexī	flexum	*biegen, beugen*
426	mergere	mergō	mersī	mersum	*eintauchen, versenken*
427	dēmergere	dēmergō	dēmersī	dēmersum	*versenken*
428	spargere	spargō	sparsī	sparsum	*ausstreuen, besprengen*
429	premere	premō	pressī	pressum	*drücken*
430	opprimere	opprimō	oppressī	oppressum	*unterdrücken, überfallen*
431	exārdēscere	exārdēscō	exārsī	-	*entbrennen*

Reduplikationsperfekt

*Bei den Komposita meistens keine Reduplikation

**Ursprünglich mit Reduplikation

432	sistere	sistō	stetī (stitī)	statum	*stellen, sich hinstellen*
433	cōnsistere	cōnsistō	cōnstitī	-	*sich hinstellen, (stehen) bleiben*
434	dēsistere	dēsistō	dēstitī	-	*Abstand nehmen, aufhören*
435	ex(s)istere	ex(s)istō	exstitī	-	*auftreten, entstehen*
436	resistere	resistō	restitī	-	*Widerstand leisten, innehalten*

437	canere	canō	cecinī	(cantātum)	*singen, (ein Instrument) spielen, blasen*
438	tangere	tangō	tetigī	tāctum	*berühren*
439	contingere	contingō	contigī*	contāctum	*berühren, gelingen*
		contingit	contigit*		*es gelingt*
440	tendere	tendō	tetendī	tentum	*spannen, strecken*
441	contendere	contendō	contendī*	contentum	*(sich) anstrengen, kämpfen, eilen*
442	intendere	intendō	intendī*	intentum	*etwas richten auf*
443	ostendere	ostendō	ostendī*	-	*entgegenstrecken, zeigen*
444	cadere	cadō	cecidī	cāsūrus	*fallen*
445	accidere	accidō	accidī*	-	*zustoßen, sich ereignen*
		accidit	accidit*		*es ereignet sich*
446	concidere	concidō	concidī*	-	*zusammenbrechen, niederstürzen*
447	incidere	incidō	incidī*	-	*hineingeraten, vorfallen*
448	occidere	occidō	occidī*	-	*niederfallen, untergehen*
449	caedere	caedō	cecīdī	caesum	*fällen, töten*
450	occīdere	occīdō	occīdī*	occīsum	*niederschlagen, töten*
451	pendere	pendō	pependī	pēnsum	*abwiegen, bezahlen*
452	impendere	impendō	impendī*	impēnsum	*aufwenden*
453	currere	currō	cucurrī	cursum	*laufen*
454	accurrere	accurrō	accurrī*	accursum	*herbeieilen*
455	concurrere	concurrō	concurrī*	concursum	*zusammenlaufen, zusammenstoßen*
456	dēcurrere	dēcurrō	dēcurrī*	dēcursum	*herablaufen*
457	occurrere	occurrō	occurrī*	occursum	*begegnen, entgegentreten*
458	succurrere	succurrō	succurrī*	succursum	*zu Hilfe eilen*
459	fallere	fallō	fefellī	-	*täuschen, unbemerkt bleiben*
				falsus	*falsch*
		fallit	fefellit		*es entgeht*
460	dēdere	dēdō	dēdidī	dēditum	*preisgeben, ausliefern*
461	ēdere	ēdō	ēdidī	ēditum	*herausgeben, äußern*
462	prōdere	prōdō	prōdidī	prōditum	*überliefern, verraten*
463	reddere	reddō	reddidī	redditum	*(zurück)geben, machen (zu)*
464	trādere	trādō	trādidī	trāditum	*übergeben, überliefern*
465	abdere	abdō	abdidī	abditum	*verbergen*
466	addere	addō	addidī	additum	*hinzufügen*
467	condere	condō	condidī	conditum	*gründen, bergen*
468	crēdere	crēdō	crēdidī	crēditum	*glauben, (an)vertrauen*
469	perdere	perdō	perdidī	perditum	*verderben, vernichten, verlieren*
470	vendere	vendō	vendidī	venditum	*verkaufen*
471	parcere	parcō	peperci	parsūrus	*sparen, schonen*
472	pellere	pellō	pepulī	pulsum	*stoßen, (ver)treiben*
473	appellere	appellō	appulī*	appulsum	*herantreiben, landen*
474	dēpellere	dēpellō	dēpulī*	dēpulsum	*vertreiben*
475	expellere	expellō	expulī*	expulsum	*hinausstoßen, vertreiben*
476	impellere	impellō	impulī*	impulsum	*antreiben, veranlassen*
477	repellere	repellō	reppulī	repulsum	*zurückstoßen, abweisen*
478	tundere	tundō	tutudī	tūsum	*stoßen*
479	contundere	contundō	contudī*	contūsum	*zerstoßen*

480	bibere	bibō	bibī	-	*trinken*
481	pangere	pangō	pepigī	pāctum	*festmachen, abmachen*
482	findere	findō	fidī **	fissum	*spalten*
483	percellere	percellō	perculī	perculsum	*erschüttern*
484	pungere	pungō	pupugī	pūnctum	*stechen*
485	scindere	scindō	scidī **	scissum	*zerreißen, spalten*
486	rescindere	rescindō	rescidī	rescissum	*einreißen*
487	tollere	tollō	(sustulī)	(sublātum)	*aufheben, beseitigen*
488	poscere	poscō	poposcī	(postulātum)	*fordern, verlangen*
489	dēposcere	dēposcō	dēpoposcī	-	*fordern, verlangen*
490	discere	discō	didicī	-	*lernen*

Dehnungsperfekt

* Einige Komposita mit s-Perfekt

491	agere	agō	ēgī	āctum	*(be)treiben, (ver)handeln*
492	exigere	exigō	exēgī	exāctum	*heraustreiben, (ein)fordern, vollenden*
493	peragere	peragō	perēgī	perāctum	*durchführen, vollenden*
494	redigere	redigō	redēgī	redāctum	*zurückbringen, in einen Zustand bringen*
495	subigere	subigō	subēgī	subāctum	*unterwerfen*
496	cōgere	cōgō	coēgī	coāctum	*sammeln, zwingen*
497	frangere	frangō	frēgī	frāctum	*etw. (zer)brechen*
498	perfringere	perfringō	perfrēgī	perfrāctum	*durchbrechen*
499	emere	emō	ēmī	ēmptum	*kaufen*
500	adimere	adimō	adēmī	adēmptum	*wegnehmen*
501	coemere	coemō	coēmī	coēmptum	*zusammenkaufen, aufkaufen*
502	dirimere	dirimō	dirēmī	dirēmptum	*trennen*
503	dēmere	dēmō	dēmpsī*	dēmptum	*ab-/wegnehmen*
504	interimere	interemō	interēmī	interēmptum	*beseitigen*
505	prōmere	prōmō	prōmpsī*	prōmptum	*hervorholen*
506	sūmere	sūmō	sūmpsī*	sūmptum	*nehmen*
507	cōnsūmere	cōnsūmō	cōnsūmpsī*	cōnsūmptum	*verbrauchen*
508	legere	legō	lēgī	lēctum	*lesen, auslesen*
509	colligere	colligō	collēgī	collēctum	*sammeln*
510	dēligere	dēligō	dēlēgī	dēlēctum	*auswählen, wählen*
511	ēligere	ēligō	ēlēgī	ēlēctum	*auswählen, wählen*
512	perlegere	perlegō	perlēgī	perlēctum	*durchlesen*
513	dīligere	dīligō	dīlēxī*	dīlēctum	*(hoch)schätzen, lieben*
514	intellegere	intellegō	intellēxī*	intellēctum	*einsehen, verstehen*
515	neglegere	neglegō	neglēxī*	neglēctum	*vernachlässigen, nicht beachten*
516	relinquere	relinquō	relīquī	relictum	*zurücklassen, verlassen*
517	vincere	vincō	vīcī	victum	*siegen, besiegen*
518	convincere	convincō	convīcī	convictum	*jmd. einer Schuld überführen*
519	dēvincere	dēvincō	dēvīcī	dēvictum	*(völlig) besiegen*
520	rumpere	rumpō	rūpī	ruptum	*etw. (zer)brechen*
521	corrumpere	corrumpō	corrūpī	corruptum	*verderben, bestechen*
522	ērumpere	ērumpō	ērūpī	ēruptum	*ausbrechen, einen Ausfall machen*

523	interrumpere	interrumpō	interrūpī	interruptum	*unterbrechen*
524	irrumpere	irrumpō	irrūpī	irruptum	*einbrechen, eindringen*
525	edere	edō	ēdī	ēsum	*essen*
526	fundere	fundō	fūdī	fūsum	*(hin)gießen, vertreiben*
527	diffundere	diffundō	diffūdī	diffūsum	*zerstreuen, verbreiten*
528	effundere	effundō	effūdī	effūsum	*ausgießen, vergeuden*
529	cōnsīdere	cōnsīdō	cōnsēdī	cōnsessum	*sich setzen, sich niederlassen*
530	obsīdere	obsīdō	obsēdī	obsessum	*besetzen*
531	possīdere	possīdō	possēdī	possessum	*in Besitz nehmen*

Perfekt ohne Veränderung des Präsensstamms

532	accendere	accendō	accendī	accēnsum	*anzünden*
533	incendere	incendō	incendī	incēnsum	*anzünden*
534	dēfendere	dēfendō	dēfendī	dēfēnsum	*abwehren, verteidigen*
535	offendere	offendō	offendī	offēnsum	*anstoßen, beleidigen*
536	prehendere	prehendō	prehendī	prehēnsum	*ergreifen*
537	comprehendere	comprehendō	comprehendī	comprehēnsum	*(er)fassen, verhaften*
538	reprehendere	reprehendō	reprehendī	reprehēnsum	*tadeln*
539	scandere	scandō	scandī	-	*steigen*
540	ascendere	ascendō	ascendī	ascēnsum	*hinaufsteigen*
541	dēscendere	dēscendō	dēscendī	dēscēnsum	*herabsteigen*
542	trānscendere	trānscendō	trānscendī	trānscēnsum	*überschreiten*
543	vertere	vertō	vertī	versum	*wenden*
544	āvertere	āvertō	āvertī	āversum	*abwenden*
545	convertere	convertō	convertī	conversum	*wenden, verwandeln*
546	ēvertere	ēvertō	ēvertī	ēversum	*umstürzen, zerstören*
547	animadvertere	animadvertō	animadvertī	animadversum	*wahrnehmen, einschreiten (gegen)*
548	āvellere	āvellō	āvellī	āvulsum	*abreißen*
549	ēvellere	ēvellō	ēvellī	ēvulsum	*herausreißen*
550	excellere	excellō	-	-	*hervorragen, sich auszeichnen*
551	furere	furō	-	-	*rasen, wüten*
552	vergere	vergō	-	-	*sich neigen*
553	verrere	verrō	-	-	*fegen*
554	vīsere	vīsō	-	-	*besichtigen*
555	acuere	acuō	acuī	-	*schärfen*
				acūtus	*spitz*
556	minuere	minuō	minuī	minūtum	*(ver)mindern*
557	statuere	statuō	statuī	statūtum	*aufstellen, feststellen, beschließen*
558	cōnstituere	cōnstituō	cōnstituī	cōnstitūtum	*festsetzen, beschließen*
559	īnstituere	īnstituō	īnstituī	īnstitūtum	*einrichten, unterrichten*
560	restituere	restituō	restituī	restitūtum	*wiederherstellen*
561	metuere	metuō	metuī	-	*fürchten*
562	tribuere	tribuō	tribuī	tribūtum	*zuteilen, verteilen*
563	attribuere	attribuō	attribuī	attribūtum	*zuteilen, zuweisen*
564	distribuere	distribuō	distribuī	distribūtum	*verteilen*
565	induere	induō	induī	indūtum	*etw. anziehen, anlegen*
566	exuere	exuō	exuī	exūtum	*etw. ausziehen, jmd. berauben*

567	ruere	ruō	ruī	ruitūrus	*sich stürzen, eilen, stürmen*
568	corruere	corruō	corruī	-	*zusammenstürzen*
569	irruere	irruō	irruī	-	*einfallen*
570	obruere	obruō	obruī	obrutum	*überschütten*
571	congruere	congruō	congruī	-	*übereinstimmen*
572	arguere	arguō	arguī	(accusātum)	*behaupten, anklagen*
573	coarguere	coarguō	coarguī	-	*(gerichtlich) überführen*
574	luere	luō	luī	luitūrus	*lösen, zahlen, büßen*
575	abluere	abluō	abluī	ablūtum	*abwaschen*
576	dīluere	dīluō	dīluī	dīlūtum	*auflösen*
577	polluere	polluō	polluī	pollūtum	*verschmutzen*
578	solvere	solvō	solvī	solūtum	*lösen, zahlen*
579	absolvere	absolvō	absolvī	absolūtum	*freisprechen, vollenden*
580	dissolvere	dissolvō	dissolvī	dissolūtum	*auflösen*
581	volvere	volvō	volvī	volūtum	*wälzen, rollen*

Deponentien

582	fungī	fungor	fūnctus sum	(Abl.) *verrichten, verwalten*
583	dēfungī	dēfungor	dēfūnctus sum	*erledigen, sterben*
584	lābī	lābor	lāpsus sum	*gleiten, fallen*
585	collābī	collābor	collāpsus sum	*zusammenfallen, -brechen*
586	dīlābī	dīlābor	dīlāpsus sum	*zergehen, zerfallen*
587	ēlābī	ēlābor	ēlāpsus sum	*entgleiten, entschlüpfen*
588	querī	queror	questus sum	*klagen, beklagen*
589	vehī	vehor	vectus sum	*fahren*
590	loquī	loquor	locūtus sum	*reden, sprechen*
591	alloquī	alloquor	allocūtus sum	*ansprechen*
592	colloquī	colloquor	collocūtus sum	*sich unterreden*
593	sequī	sequor	secūtus sum	(Akk.) *folgen*
594	assequī	assequor	assecūtus sum	*erreichen, erlangen*
595	cōnsequī	cōnsequor	cōnsecūtus sum	*einholen, erlangen*
596	exsequī	exsequor	exsecūtus sum	*ausführen, verfolgen*
597	obsequī	obsequor	obsecūtus sum	*gehorchen*
598	persequī	persequor	persecūtus sum	*verfolgen*
599	fruī	fruor	fruitūrus	(Abl.) *genießen*
600	perfruī	perfruor	perfrūctus sum	*genießen*
601	ūtī	ūtor	ūsus sum	(Abl.) *benutzen, gebrauchen*
602	abūtī	abūtor	abūsus sum	*missbrauchen*
603	nītī	nītor	nīsus/nīxus sum	*sich stützen, streben*
604	amplectī	amplector	amplexus sum	*umarmen, umfassen*
605	complectī	complector	complexus sum	*umfassen, umschließen*
606	nāscī	nāscor	nātus sum	*geboren werden, entstehen*
607	nancīscī	nancīscor	na(n)ctus sum	*(durch Zufall) erlangen*
608	ulcīscī	ulcīscor	ultus sum	*(sich) rächen*
609	īrāscī	īrāscor	-	*zürnen, grollen*
			irātus	*zornig*

610	adipīscī	adipīscor	adeptus sum	*(durch Anstrengung) erlangen, erreichen*
611	proficīscī	proficīscor	profectus sum	*hervorgehen, aufbrechen, (ab)marschieren*
612	comminīscī	comminīscor	commentus sum	*ersinnen*
613	reminīscī	reminīscor	(recordātus sum)	*sich erinnern*
614	oblīvīscī	oblīvīscor	oblītus sum	*vergessen*
615	vēscī	vēscor	(vīxī)	*sich nähren*
616	expergīscī	expergīscor	experrēctus sum	*erwachen*
617	pacīscī	pacīscor	pactus sum	*festmachen, abmachen*

Semideponentien

618	fīdere	fīdō	fīsus sum	*(ver)trauen*
619	cōnfīdere	cōnfīdō	cōnfīsus sum	*(ver)trauen*
620	diffīdere	diffīdō	diffīsus sum	*misstrauen*
621	revertī	revertor	revertī	*zurückkehren*
			reversus	*zurückgekehrt*
622	dēvertī	dēvertor	dēvertī	*einkehren*

Verben der gemischten Konjugation

v-Perfekt

623	cupere	cupiō	cupīvī	cupītum	*begehren, wünschen*

u-Perfekt

624	ēlicere	ēliciō	ēlicuī	ēlicitum	*hervorlocken*
625	rapere	rapiō	rapuī	raptum	*raffen, rauben*
626	arripere	arripiō	arripuī	arreptum	*an sich reißen*
627	dīripere	dīripiō	dīripuī	dīreptum	*plündern*
628	ēripere	ēripiō	ēripuī	ēreptum	*entreißen*
629	allicere	alliciō	allicuī	allicitum	*anlocken*
630	illicere	illiciō	illicuī	illicitum	*verlocken*
631	perlicere	perliciō	perlicuī	perlicitum	*verlocken*

s-Perfekt

632	āspicere	āspiciō	āspexī	āspectum	*hinblicken, ansehen*
633	cōnspicere	cōnspiciō	cōnspexī	cōnspectum	*erblicken, ansehen*
634	dēspicere	dēspiciō	dēspexī	dēspectum	*herabsehen, verachten*
635	prōspicere	prōspiciō	prōspexī	prōspectum	*vorhersehen, sorgen für*
636	respicere	respiciō	respexī	respectum	*berücksichtigen*
637	quatere	quatiō	-	-	*erschüttern*
638	concutere	concutiō	concussī	concussum	*schütteln, erschüttern*
639	excutere	excutio	excussī	excussum	*abschütteln*
640	percutere	percutiō	percussī	percussum	*erschüttern, durchstoßen*

Reduplikationsperfekt

641	parere	pariō	peperī	partum (paritūrus)	*hervorbringen, gebären, erwerben*

Dehnungsperfekt

642	capere	capiō	cēpī	captum	*fassen, fangen, nehmen*
643	accipere	accipiō	accēpī	acceptum	*annehmen, empfangen, vernehmen*
644	concipere	concipiō	concēpī	conceptum	*empfangen, erfassen*
645	dēcipere	dēcipiō	dēcēpī	dēceptum	*täuschen*
646	excipere	excipiō	excēpī	exceptum	*ausnehmen, aufnehmen*
647	percipere	percipiō	percēpī	perceptum	*erfassen, wahrnehmen*
648	praecipere	praecipiō	praecēpī	praeceptum	*vorwegnehmen, vorschreiben*
649	recipere	recipiō	recēpī	receptum	*zurücknehmen, aufnehmen*
650	suscipere	suscipiō	suscēpī	susceptum	*unternehmen, aufnehmen*
651	incipere	incipiō	(coepī) (incēpī)	(coeptum) (inceptum)	*anfangen, beginnen*
652	facere	faciō	fēcī	factum	*machen, tun*
653	assuēfacere	assuēfaciō	assuēfēcī	assuēfactum	*gewöhnen*
654	calefacere	calefaciō	calefēcī	calefactum	*wärmen*
655	patefacere	patefaciō	patefēcī	patefactum	*öffnen, aufdecken*
656	satisfacere	satisfaciō	satisfēcī	satisfactum	(Dat.) *befriedigen*
657	afficere	afficiō	affēcī	affectum	*versehen mit, behandeln*
658	cōnficere	cōnficiō	cōnfēcī	cōnfectum	*vollenden, aufreiben*
659	dēficere	dēficiō	dēfēcī	dēfectum	*abfallen, ausgehen, fehlen*
660	efficere	efficiō	effēcī	effectum	*fertigbringen, bewirken*
661	interficere	interficiō	interfēcī	interfectum	*niedermachen, töten*
662	perficere	perficiō	perfēcī	perfectum	*vollenden, durchsetzen*
663	praeficere	praeficiō	praefēcī	praefectum	*an die Spitze stellen*
664	prōficere	prōficiō	prōfēcī	prōfectum	*Fortschritte machen, nützen*
665	reficere	reficiō	refēcī	refectum	*wiederherstellen*
666	iacere	iaciō	iēcī	iactum	*werfen, schleudern*
667	abicere	abiciō	abiēcī	abiectum	*wegwerfen*
668	adicere	adiciō	adiēcī	adiectum	*hinzufügen*
669	conicere	coniciō	coniēcī	coniectum	*(zusammen)werfen, vermuten*
670	dēicere	dēiciō	dēiēcī	dēiectum	*herabwerfen*
671	ēicere	ēiciō	ēiēcī	ēiectum	*hinauswerfen, vertreiben*
672	inicere	iniciō	iniēcī	iniectum	*hineinwerfen, (Schrecken) einjagen*
673	obicere	obiciō	obiēcī	obiectum	*entgegenwerfen, vorwerfen*
674	subicere	subiciō	subiēcī	subiectum	*unterwerfen*
675	trāicere	trāiciō	trāiēcī	trāiectum	*hinüberbringen, übersetzen*
676	fodere	fodiō	fōdī	fossum	*graben, stechen*
677	fugere	fugiō	fūgī	fugitūrus	*fliehen, meiden*
		fugit	fūgit		*es entgeht, es bleibt verborgen*
678	aufugere	aufugiō	aufūgī	–	*entfliehen*
679	cōnfugere	cōnfugiō	cōnfūgī	–	*fliehen*
680	effugere	effugiō	effūgī	–	*entkommen*
681	perfugere	perfugiō	perfūgī	–	*sich flüchten, überlaufen*
682	profugere	profugiō	profūgī	–	*flüchten*

Deponentien

683	morī	morior	mortuus sum	sterben
			moritūrus	dem Tod geweiht
684	patī	patior	passus sum	leiden, zulassen
685	perpetī	perpetior	perpessus sum	erdulden
686	gradī	gradior	gressus sum	schreiten
687	aggredī	aggredior	aggressus sum	angreifen
688	ēgredī	ēgredior	ēgressus sum	hinausgehen
689	ingredī	ingredior	ingressus sum	betreten, schreiten
690	prōgredī	prōgredior	prōgressus sum	vorrücken

Unregelmäßige Verben

esse und seine Komposita

691	esse	sum	fuī	-	sein
692	abesse	absum	āfuī	-	abwesend sein, entfernt sein
693	adesse	adsum	affuī/adfuī	-	anwesend sein, helfen
694	dēesse	dēsum	dēfuī	-	fehlen
695	inesse	insum	(fuī)	-	darin sein
696	interesse	intersum	interfuī	-	teilnehmen
		interest	interfuit	-	es liegt daran, es ist daran gelegen
697	praeesse	praesum	praefuī	-	voranstehen, leiten
698	superesse	supersum	superfuī	-	übrig sein, überleben
699	posse	possum	potuī	-	können
700	prōdesse	prōsum	prōfuī	-	nützen

ferre und seine Komposita

701	ferre	ferō	tulī	lātum	tragen, bringen
702	afferre	afferō	attulī	allātum	herbeibringen, -tragen
703	auferre	auferō	abstulī	ablātum	wegtragen, -nehmen
704	cōnferre	cōnferō	cōntulī	collātum	zusammentragen, vergleichen
705	dēferre	dēferō	dētulī	dēlātum	überbringen, melden
706	differre	differō	distulī	dīlātum	verschieben, sich unterscheiden
707	efferre	efferō	extulī	ēlātum	hinaustragen, bestatten
708	īnferre	īnferō	īntulī	illātum	hineintragen, zufügen
709	offerre	offerō	obtulī	oblātum	anbieten
710	perferre	perferō	pertulī	perlātum	ertragen, überbringen
711	referre	referō	rettulī	relātum	zurückbringen, berichten, melden
					es liegt daran, es kommt darauf an
		rēfert	rētulit		
712	trānsferre	trānsferō	trānstulī	trānslātum	hinüberbringen, übertragen
713	(tollere)	(tollo)	sustulī	sublātum	aufheben, beseitigen

īre und seine Komposita

714	īre	eō	iī	itum	gehen
715	abīre	abeō	abiī	abitum	weggehen

716	adīre	adeō	adiī	aditum	*herangehen, aufsuchen*
717	coīre	coeō	coiī	coitum	*zusammenkommen*
718	exīre	exeō	exiī	exitum	*herausgehen*
719	obīre	obeō	obiī	obitum	*besuchen, entgegengehen*
720	perīre	pereō	periī	peritum	*zugrunde gehen*
721	praeterīre	praetereō	praeteriī	praeteritum	*vorbeigehen, übergehen*
		praeterit	praeteriit		*es entgeht*
722	subīre	subeō	subiī	subitum	*unternehmen*
723	trānsīre	trānseō	trānsiī	trānsitum	*überschreiten*
724	vēnīre	vēneō	vēniī	-	*verkauft werden*

velle, nōlle, mālle

725	velle	volō	voluī	-	*wollen*
726	nōlle	nōlō	nōluī	-	*nicht wollen*
727	mālle	mālō	māluī	-	*lieber wollen*

Verba defectiva

728	coepisse	-	coepī	-	*angefangen haben*
729	meminisse	-	meminī	-	*sich erinnern*
730	ōdisse	-	ōdī	ōsūrus	*hassen*
731	-	āiō (āis, āit, āiunt)	-	-	*ich sage, ich behaupte (du sagst/ behauptest, er/sie/es sagt/behauptet, sie sagen/behaupten)*
732	-	inquit	inquit	-	*sagt er/sie/es*
733	-	quaesō	-	-	*(ich) bitte*
734	-	avē(te)!	-	-	*sei(d) gegrüßt!*
735	-	salvē(te)!	-	-	*sei(d) gegrüßt!*

Wichtige unpersönliche Verben

736	accidere	accidit	accidit	*es ereignet sich*
737	appārēre	appāret	appāruit	*es ist offenkundig*
738	condūcere	condūcit	condūxit	*es nützt*
739	cōnstāre	cōnstat	cōnstitit	*es steht fest*
740	contingere	contingit	contigit	*es gelingt, es glückt*
741	decēre	decet	decuit	*es ziemt sich*
742	dēdecēre	dēdecet	dēdecuit	*es ziemt sich nicht*
743	ēvenīre	ēvenit	ēvēnit	*es ereignet sich*
744	expedīre	expedit	-	*es nützt*
745	fallere	fallit	fefellit	*es entgeht, es bleibt verborgen*
746	fugere	fugit	fūgit	*es entgeht, es bleibt verborgen*
747	interesse	interest	interfuit	*es liegt daran, es ist wichtig*
748	iuvāre	iuvat	iūvit	*es freut*
749	libēre	libet	libuit	*es beliebt*

750	licēre	licet	licuit	*es ist erlaubt*
751	liquēre	liquet	-	*es ist klar*
752	miserēre	miseret	-	*es tut leid*
753	oportēre	oportet	oportuit	*es muss, es gebührt sich, man soll*
754	paenitēre	paenitet	paenituit	*es reut*
755	pigēre	piget	piguit	*es verdrießt*
756	placēre	placet	placuit	*es gefällt, man beschließt*
757	praestāre	praestat	praestitit	*es ist besser*
758	praeterīre	praeterit	praeteriit	*es entgeht, es bleibt verborgen*
759	pudēre	pudet	puduit	*es beschämt*
760	rēferre	rēfert	rētulit	*es liegt daran, es ist wichtig*
761	taedēre	taedet	taesum est	*es ekelt*

Personalformen des Präsensstamms

Indikativ Präsens

amō	*ich liebe*
amās	*du liebst*
amat	*er/sie/es liebt*
amāmus	*wir lieben*
amātis	*ihr liebt*
amant	*sie lieben*

Indikativ Imperfekt

amā**ba**m	*ich liebte*
amā**bā**s	*du liebtest*
amā**ba**t	*er/sie/es liebte*
amā**bā**mus	*wir liebten*
amā**bā**tis	*ihr liebtet*
amā**ba**nt	*sie liebten*

Futur I

amā**b**ō	*ich werde lieben*
amā**bi**s	*du wirst lieben*
amā**bi**t	*er/sie/es wird lieben*
amā**bi**mus	*wir werden lieben*
amā**bi**tis	*ihr werdet lieben*
amā**bu**nt	*sie werden lieben*

Konjunktiv Präsens

am**e**m	*ich möge lieben*
am**ē**s	*du mögest lieben*
am**e**t	*er/sie/es möge lieben*
am**ē**mus	*wir mögen lieben*
am**ē**tis	*ihr möget lieben*
am**e**nt	*sie mögen lieben*

Konjunktiv Imperfekt

amā**re**m	*ich würde lieben*
amā**rē**s	*du würdest lieben*
amā**re**t	*er/sie/es würde lieben*
amā**rē**mus	*wir würden lieben*
amā**rē**tis	*ihr würdet lieben*
amā**re**nt	*sie würden lieben*

Imperativ I

amā	*liebe!*
amāte	*liebt!*

Imperativ II

amātō	*du sollst lieben!*
amātō	*er/sie/es soll lieben!*
amātōte	*ihr sollt lieben!*
amantō	*sie sollen lieben!*

Nominalformen des Präsens- und Partizipialstamms

Infinitiv Präsens

amāre – *lieben*

Infinitiv Futur

amātūrum/-am/-um esse – *im Begriff sein zu lieben*

Partizip Präsens

amāns, amantis – *liebend; einer/eine/eines, der/die/das liebt*

Partizip Futur

amātūrus/-a/-um – *einer/eine/eines, der/die/das lieben wird*

Gerund

–, amandī, amandō, ad amandum, amandō – *des Liebens, dem Lieben* usw.

Personalformen des Präsensstamms

Indikativ Präsens

amor	*ich werde geliebt*
amāris	*du wirst geliebt*
amātur	*er/sie/es wird geliebt*
amāmur	*wir werden geliebt*
amāminī	*ihr werdet geliebt*
amantur	*sie werden geliebt*

Indikativ Imperfekt

amā**ba**r	*ich wurde geliebt*
amā**bā**ris	*du wurdest geliebt*
amā**bā**tur	*er/sie/es wurde geliebt*
amā**bā**mur	*wir wurden geliebt*
amā**bā**minī	*ihr wurdet geliebt*
amā**ba**ntur	*sie wurden geliebt*

Futur I

amā**bo**r	*ich werde geliebt werden*
amā**be**ris	*du wirst geliebt werden*
amā**bi**tur	*er/sie/es wird geliebt werden*
amā**bi**mur	*wir werden geliebt werden*
amā**bi**minī	*ihr werdet geliebt werden*
amā**bu**ntur	*sie werden geliebt werden*

Konjunktiv Präsens

am**e**r	*ich möge geliebt werden*
am**ē**ris	*du mögest geliebt werden*
am**ē**tur	*er/sie/es möge geliebt werden*
am**ē**mur	*wir mögen geliebt werden*
am**ē**minī	*ihr möget geliebt werden*
am**e**ntur	*sie mögen geliebt werden*

Konjunktiv Imperfekt

amā**re**r	*ich würde geliebt werden*
amā**rē**ris	*du würdest geliebt werden*
amā**rē**tur	*er/sie/es würde geliebt werden*
amā**rē**mur	*wir würden geliebt werden*
amā**rē**minī	*ihr würdet geliebt werden*
amā**re**ntur	*sie würden geliebt werden*

Nominalformen des Präsens- und Partizipialstamms

Infinitiv Präsens

amārī – *geliebt werden*

Infinitiv Futur

amātum īrī – *in Zukunft geliebt werden*

Gerundiv

amandus/-a/-um – *liebenswert; einer/eine/eines, der/die/das geliebt wird/werden muss*

Personalformen des Perfektstamms

Indikativ Perfekt

amāvī	*ich habe geliebt*
amāvistī	*du hast geliebt*
amāvit	*er/sie/es hat geliebt*
amāvimus	*wir haben geliebt*
amāvistis	*ihr habt geliebt*
amāvērunt	*sie haben geliebt*

Indikativ Plusquamperfekt

amāveram	*ich hatte geliebt*
amāverās	*du hattest geliebt*
amāverat	*er/sie/es hatte geliebt*
amāverāmus	*wir hatten geliebt*
amāverātis	*ihr hattet geliebt*
amāverant	*sie hatten geliebt*

Futur II

amāverō	*ich werde geliebt haben*
amāveris	*du wirst geliebt haben*
amāverit	*er/sie/es wird geliebt haben*
amāverimus	*wir werden geliebt haben*
amāveritis	*ihr werdet geliebt haben*
amāverint	*sie werden geliebt haben*

Konjunktiv Perfekt

amāverim	*ich habe geliebt*
amāveris	*du habest geliebt*
amāverit	*er/sie/es habe geliebt*
amāverimus	*wir haben geliebt*
amāveritis	*ihr habet geliebt*
amāverint	*sie haben geliebt*

Konjunktiv Plusquamperfekt

amāvissem	*ich hätte geliebt*
amāvissēs	*du hättest geliebt*
amāvisset	*er/sie/es hätte geliebt*
amāvissēmus	*wir hätten geliebt*
amāvissētis	*ihr hättet geliebt*
amāvissent	*sie hätten geliebt*

Nominalformen des Perfektstamms

Infinitiv Perfekt

amāvisse – *geliebt haben*

Personalformen des Partizipialstamms

Indikativ Perfekt

amātus/-a/-um sum	*ich bin geliebt worden*
amātus/-a/-um es	*du bist geliebt worden*
amātus/-a/-um est	*er/sie/es ist geliebt worden*
amātī/-ae/-a sumus	*wir sind geliebt worden*
amātī/-ae/-a estis	*ihr seid geliebt worden*
amātī/-ae/-a sunt	*sie sind geliebt worden*

Indikativ Plusquamperfekt

amātus/-a/-um eram	*ich war geliebt worden*
amātus/-a/-um erās	*du warst geliebt worden*
amātus/-a/-um erat	*er/sie/es war geliebt worden*
amātī/-ae/-a erāmus	*wir waren geliebt worden*
amātī/-ae/-a erātis	*ihr wart geliebt worden*
amātī/-ae/-a erant	*sie waren geliebt worden*

Futur II

amātus/-a/-um erō	*ich werde geliebt worden sein*
amātus/-a/-um eris	*du wirst geliebt worden sein*
amātus/-a/-um erit	*er/sie/es wird geliebt worden sein*
amātī/-ae/-a erimus	*wir werden geliebt worden sein*
amātī/-ae/-a eritis	*ihr werdet geliebt worden sein*
amātī/-ae/-a erunt	*sie werden geliebt worden sein*

Konjunktiv Perfekt

amātus/-a/-um sim	*ich sei geliebt worden*
amātus/-a/-um sīs	*du seist geliebt worden*
amātus/-a/-um sit	*er/sie/es sei geliebt worden*
amātī/-ae/-a sīmus	*wir seien geliebt worden*
amātī/-ae/-a sītis	*ihr seiet geliebt worden*
amātī/-ae/-a sint	*sie seien geliebt worden*

Konjunktiv Plusquamperfekt

amātus/-a/-um essem	*ich wäre geliebt worden*
amātus/-a/-um essēs	*du wärest geliebt worden*
amātus/-a/-um esset	*er/sie/es wäre geliebt worden*
amātī/-ae/-a essēmus	*wir wären geliebt worden*
amātī/-ae/-a essētis	*ihr wäret geliebt worden*
amātī/-ae/-a essent	*sie wären geliebt worden*

Nominalformen des Partizipialstamms

Infinitiv Perfekt

amātum/-am/-um esse – *geliebt worden sein*

Partizip Perfekt

amātus/-a/-um – *einer/eine/eines, der/die/das geliebt worden ist*

Personalformen des Präsensstamms

Indikativ Präsens

dō	*ich gebe*
dās	*du gibst*
dat	*er/sie/es gibt*
damus	*wir geben*
datis	*ihr gebt*
dant	*sie geben*

Indikativ Imperfekt

da**ba**m	*ich gab*
da**bā**s	*du gabst*
da**ba**t	*er/sie/es gab*
da**bā**mus	*wir gaben*
da**bā**tis	*ihr gabt*
da**ba**nt	*sie gaben*

Futur I

da**bō**	*ich werde geben*
da**bi**s	*du wirst geben*
da**bi**t	*er/sie/es wird geben*
da**bi**mus	*wir werden geben*
da**bi**tis	*ihr werdet geben*
da**bu**nt	*sie werden geben*

Konjunktiv Präsens

d**e**m	*ich möge geben*
d**ē**s	*du mögest geben*
d**e**t	*er/sie/es möge geben*
d**ē**mus	*wir mögen geben*
d**ē**tis	*ihr möget geben*
d**e**nt	*sie mögen geben*

Konjunktiv Imperfekt

da**re**m	*ich würde geben*
da**rē**s	*du würdest geben*
da**re**t	*er/sie/es würde geben*
da**rē**mus	*wir würden geben*
da**rē**tis	*ihr würdet geben*
da**re**nt	*sie würden geben*

Imperativ I

dā	*gib!*
date	*gebt!*

Imperativ II

datō	*du sollst geben!*
datō	*er/sie/es soll geben!*
datōte	*ihr sollt geben!*
dantō	*sie sollen geben!*

Nominalformen des Präsens- und Partizipialstamms

Infinitiv Präsens

dare - *geben*

Infinitiv Futur

datūrum/-am/-um esse - *im Begriff sein zu geben*

Partizip Präsens

dāns, dantis - *gebend; einer/eine/eines, der/die/das gibt*

Partizip Futur

datūrus/-a/-um - *einer/eine/eines, der/die/das geben wird*

Gerund

–, dandī, dandō, ad dandum, dandō - *des Gebens, dem Geben* usw.

Personalformen des Präsensstamms

Indikativ Präsens

dor	*ich werde gegeben*
daris	*du wirst gegeben*
datur	*er/sie/es wird gegeben*
damur	*wir werden gegeben*
daminī	*ihr werdet gegeben*
dantur	*sie werden gegeben*

Indikativ Imperfekt

da**ba**r	*ich wurde gegeben*
da**bā**ris	*du wurdest gegeben*
da**bā**tur	*er/sie/es wurde gegeben*
da**bā**mur	*wir wurden gegeben*
da**bā**minī	*ihr wurdet gegeben*
da**ba**ntur	*sie wurden gegeben*

Futur I

da**bo**r	*ich werde gegeben werden*
da**be**ris	*du wirst gegeben werden*
da**bi**tur	*er/sie/es wird gegeben werden*
da**bi**mur	*wir werden gegeben werden*
da**bi**minī	*ihr werdet gegeben werden*
da**bu**ntur	*sie werden gegeben werden*

Konjunktiv Präsens

d**e**r	*ich möge gegeben werden*
d**ē**ris	*du mögest gegeben werden*
d**ē**tur	*er/sie/es möge gegeben werden*
d**ē**mur	*wir mögen gegeben werden*
d**ē**minī	*ihr möget gegeben werden*
d**e**ntur	*sie mögen gegeben werden*

Konjunktiv Imperfekt

da**re**r	*ich würde gegeben werden*
da**rē**ris	*du würdest gegeben werden*
da**rē**tur	*er/sie/es würde gegeben werden*
da**rē**mur	*wir würden gegeben werden*
da**rē**minī	*ihr würdet gegeben werden*
da**re**ntur	*sie würden gegeben werden*

Nominalformen des Präsens- und Partizipialstamms

Infinitiv Präsens

darī - *gegeben werden*

Infinitiv Futur

datum īrī - *in Zukunft gegeben werden*

Gerundiv

dandus/-a/-um - *einer/eine/eines, der/die/das gegeben werden muss*

Personalformen des Perfektstamms

Indikativ Perfekt

dedī	*ich habe gegeben*
dedistī	*du hast gegeben*
dedit	*er/sie/es hat gegeben*
dedimus	*wir haben gegeben*
dedistis	*ihr habt gegeben*
dedērunt	*sie haben gegeben*

Indikativ Plusquamperfekt

dederam	*ich hatte gegeben*
dederās	*du hattest gegeben*
dederat	*er/sie/es hatte gegeben*
dederāmus	*wir hatten gegeben*
dederātis	*ihr hattet gegeben*
dederant	*sie hatten gegeben*

Futur II

dederō	*ich werde gegeben haben*
dederis	*du wirst gegeben haben*
dederit	*er/sie/es wird gegeben haben*
dederimus	*wir werden gegeben haben*
dederitis	*ihr werdet gegeben haben*
dederint	*sie werden gegeben haben*

Konjunktiv Perfekt

dederim	*ich habe gegeben*
dederis	*du habest gegeben*
dederit	*er/sie/es habe gegeben*
dederimus	*wir haben gegeben*
dederitis	*ihr habet gegeben*
dederint	*sie haben gegeben*

Konjunktiv Plusquamperfekt

dedissem	*ich hätte gegeben*
dedissēs	*du hättest gegeben*
dedisset	*er/sie/es hätte gegeben*
dedissēmus	*wir hätten gegeben*
dedissētis	*ihr hättet gegeben*
dedissent	*sie hätten gegeben*

Nominalformen des Perfektstamms

Infinitiv Perfekt

dedisse – *gegeben haben*

Personalformen des Partizipialstamms

Indikativ Perfekt

datus/-a/-um sum	*ich bin gegeben worden*
datus/-a/-um es	*du bist gegeben worden*
datus/-a/-um est	*er/sie/es ist gegeben worden*
datī/-ae/-a sumus	*wir sind gegeben worden*
datī/-ae/-a estis	*ihr seid gegeben worden*
datī/-ae/-a sunt	*sie sind gegeben worden*

Indikativ Plusquamperfekt

datus/-a/-um eram	*ich war gegeben worden*
datus/-a/-um erās	*du warst gegeben worden*
datus/-a/-um erat	*er/sie/es war gegeben worden*
datī/-ae/-a erāmus	*wir waren gegeben worden*
datī/-ae/-a erātis	*ihr wart gegeben worden*
datī/-ae/-a erant	*sie waren gegeben worden*

Futur II

datus/-a/-um erō	*ich werde gegeben worden sein*
datus/-a/-um eris	*du wirst gegeben worden sein*
datus/-a/-um erit	*er/sie/es wird gegeben worden sein*
datī/-ae/-a erimus	*wir werden gegeben worden sein*
datī/-ae/-a eritis	*ihr werdet gegeben worden sein*
datī/-ae/-a erunt	*sie werden gegeben worden sein*

Konjunktiv Perfekt

datus/-a/-um sim	*ich sei gegeben worden*
datus/-a/-um sīs	*du seiest gegeben worden*
datus/-a/-um sit	*er/sie/es sei gegeben worden*
datī/-ae/-a sīmus	*wir seien gegeben worden*
datī/-ae/-a sītis	*ihr seiet gegeben worden*
datī/-ae/-a sint	*sie seien gegeben worden*

Konjunktiv Plusquamperfekt

datus/-a/-um essem	*ich wäre gegeben worden*
datus/-a/-um essēs	*du wärest gegeben worden*
datus/-a/-um esset	*er/sie/es wäre gegeben worden*
datī/-ae/-a essēmus	*wir wären gegeben worden*
datī/-ae/-a essētis	*ihr wäret gegeben worden*
datī/-ae/-a essent	*sie wären gegeben worden*

Nominalformen des Partizipialstamms

Infinitiv Perfekt

datum/-am/-um esse – *gegeben worden sein*

Partizip Perfekt

datus/-a/-um – *einer/eine/eines, der/die/das gegeben worden ist*

Deponens der a-Konjugation

Personalformen des Präsensstamms

Indikativ Präsens

hortor	*ich ermahne*
hortāris	*du ermahnst*
hortātur	*er/sie/es ermahnt*
hortāmur	*wir ermahnen*
hortāminī	*ihr ermahnt*
hortantur	*sie ermahnen*

Indikativ Imperfekt

hortā**ba**r	*ich ermahnte*
hortā**bā**ris	*du ermahntest*
hortā**bā**tur	*er/sie/es ermahnte*
hortā**bā**mur	*wir ermahnten*
hortā**bā**minī	*ihr ermahntet*
hortā**ba**ntur	*sie ermahnten*

Futur I

hortā**bo**r	*ich werde ermahnen*
hortā**be**ris	*du wirst ermahnen*
hortā**bi**tur	*er/sie/es wird ermahnen*
hortā**bi**mur	*wir werden ermahnen*
hortā**bi**minī	*ihr werdet ermahnen*
hortā**bu**ntur	*sie werden ermahnen*

Konjunktiv Präsens

hort**e**r	*ich möge ermahnen*
hort**ē**ris	*du mögest ermahnen*
hort**ē**tur	*er/sie/es möge ermahnen*
hort**ē**mur	*wir mögen ermahnen*
hort**ē**minī	*ihr möget ermahnen*
hort**e**ntur	*sie mögen ermahnen*

Konjunktiv Imperfekt

hortā**re**r	*ich würde ermahnen*
hortā**rē**ris	*du würdest ermahnen*
hortā**rē**tur	*er/sie/es würde ermahnen*
hortā**rē**mur	*wir würden ermahnen*
hortā**rē**minī	*ihr würdet ermahnen*
hortā**re**ntur	*sie würden ermahnen*

Imperativ I

hortāre	*ermahne!*
hortāminī	*ermahnt!*

Imperativ II

hortātor	*du sollst ermahnen!*
hortātor	*er/sie/es soll ermahnen!*
–	
hortantor	*sie sollen ermahnen!*

Nominalformen des Präsens- und Pratizipialstamms

Infinitiv Präsens

hortārī – *ermahnen*

Infinitiv Futur

hortātūrum/-am/-um esse – *im Begriff sein zu ermahnen*

Partizip Präsens

hortāns, hortantis – *ermahnend; einer/eine/eines, der/die/das ermahnt*

Partizip Futur

hortātūrus/-a/-um – *einer/eine/eines, der/die/das ermahnen wird*

Gerund und Gerundiv

–, hortandī usw. – *des Ermahnens* usw.; hortandus/-a/-um – *einer/eine/eines, der/die/das ermahnt werden muss*

Deponens der a-Konjugation

Personalformen des Partizipialstamms

Indikativ Perfekt

hortātus/-a/-um sum	*ich habe ermahnt*
hortātus/-a/-um es	*du hast ermahnt*
hortātus/-a/-um est	*er/sie/es hat ermahnt*
hortātī/-ae/-a sumus	*wir haben ermahnt*
hortātī/-ae/-a estis	*ihr habt ermahnt*
hortātī/-ae/-a sunt	*sie haben ermahnt*

Indikativ Plusquamperfekt

hortātus/-a/-um eram	*ich hatte ermahnt*
hortātus/-a/-um erās	*du hattest ermahnt*
hortātus/-a/-um erat	*er/sie/es hatte ermahnt*
hortātī/-ae/-a erāmus	*wir hatten ermahnt*
hortātī/-ae/-a erātis	*ihr hattet ermahnt*
hortātī/-ae/-a erant	*sie hatten ermahnt*

Futur II

hortātus/-a/-um erō	*ich werde ermahnt haben*
hortātus/-a/-um eris	*du wirst ermahnt haben*
hortātus/-a/-um erit	*er/sie/es wird ermahnt haben*
hortātī/-ae/-a erimus	*wir werden ermahnt haben*
hortātī/-ae/-a eritis	*ihr werdet ermahnt haben*
hortātī/-ae/-a erunt	*sie werden ermahnt haben*

Konjunktiv Perfekt

hortātus/-a/-um sim	*ich habe ermahnt*
hortātus/-a/-um sīs	*du habest ermahnt*
hortātus/-a/-um sit	*er/sie/es habe ermahnt*
hortātī/-ae/-a sīmus	*wir haben ermahnt*
hortātī/-ae/-a sītis	*ihr habet ermahnt*
hortātī/-ae/-a sint	*sie haben ermahnt*

Konjunktiv Plusquamperfekt

hortātus/-a/-um essem	*ich hätte ermahnt*
hortātus/-a/-um essēs	*du hättest ermahnt*
hortātus/-a/-um esset	*er/sie/es hätte ermahnt*
hortātī/-ae/-a essēmus	*wir hätten ermahnt*
hortātī/-ae/-a essētis	*ihr hättet ermahnt*
hortātī/-ae/-a essent	*sie hätten ermahnt*

Nominalformen des Partizipialstamms

Infinitiv Perfekt

hortātum/-am/-um esse - *ermahnt haben*

Partizip Perfekt

hortātus/-a/-um - *einer/eine/eines, der/die/das ermahnt hat*

Das Verb *dare* und seine Komposita

Beispiele und Wendungen

Dō, ut des.
Ich gebe, damit du (mir etwas) gibst.

Quī citō dat, bis dat.
Wer schnell gibt, gibt doppelt. (= Wer schnell hilft, dessen Hilfe ist doppelt so viel wert.)

Die Grundbedeutung von **dare** ist *geben*. Es kommt in vielen lateinischen Sprichwörtern vor.

Weitere Bedeutungen von **dare** zeigen sich in folgenden Wendungen:

vīrēs dare	*Kraft verleihen*
litterās dare ad aliquem	*jemandem einen Brief schicken*
veniam dare	*Gnade schenken*
iūra dare	*Recht sprechen*
aliquem ad bestiās dare	*jemanden zum Kampf mit den wilden Tieren schicken (im Circus)*
operam dare	*sich Mühe geben, sich bemühen*
fīliam in mātrimōnium dare	*die Tochter verheiraten*
animōs dare	*Mut einflößen*
tempus alicuī reī dare	*einer Sache Zeit widmen*
poenās dare	*Strafe zahlen, bestraft werden*

Besonderheiten

1. Die Stammsilbe **-a-** ist bei **dare** – im Gegensatz zu den anderen Verben der a-Konjugation – kurz.
   Ausnahmen bilden
   - die 2. Person Singular Indikativ Präsens Aktiv **(dās)**,
   - der Imperativ I Singular **(dā)** und
   - der Nominativ Singular Maskulinum des Partizip Präsens Aktiv **(dāns)**.

Das Verb *dare* und seine Komposita

2. Die Komposita von **dare**, die sich aus einem einsilbigen Präfix und **dare** zusammensetzen, werden nach der konsonantischen Konjugation konjugiert. Dazu zählen u. a.:

ad-dere, ad-dō, ad-didī, ad-ditum	*hinzufügen*
dē-dere, dē-dō, dē-didī, dē-ditum	*übergeben*
ē-dere, ē-dō, ē-didī, ē-ditum	*herausgeben*
red-dere, red-dō, red-didī, red-ditum	*zurückgeben*
trā-dere, trā-dō, trā-didī, trā-ditum	*überliefern*

Dux mīlitibus spem ad**dit**.
Der Heerführer flößt den Soldaten Hoffnung ein.

Vāre, red**de** legiōnēs!
Varus, gib (mir meine) Legionen zurück!

Rōmulus et Rēmus fīliī Martis fuisse trā**duntur**.
Es wird überliefert, dass Romulus und Remus die Söhne des Mars waren.

Ausnahme: Das Kompositum **circumdare** – *umgeben* (zweisilbiges Präfix!) wird wie **dare** konjugiert.

Mīlitēs oppidum vallō fossāque circum**dant**.
Die Soldaten umgeben die Stadt mit einem Wall und einem Graben.

Tipp

Die Bedeutungen von Komposita können Sie sich ganz leicht ableiten, wenn Sie sich die jeweilige Grundbedeutung des Präfix (s. auch S. 82 und 154f.) klar machen.

ā-/ab-	*weg-*
ad-	*(hin)zu-, hin-*
circum-	*um-, herum-*
con-	*zusammen-*
dē-	*weg-*
ē-/ex-	*heraus-*
in-	*darin-, hinein-*
ob-	*entgegen-*
prae-	*vor-*
dī-/dis-	*auseinander-*
rē-/red-	*zurück-*

e-Konjugation

Personalformen des Präsensstamms

Indikativ Präsens

moneō	*ich ermahne*
monēs	*du ermahnst*
monet	*er/sie/es ermahnt*
monēmus	*wir ermahnen*
monētis	*ihr ermahnt*
monent	*sie ermahnen*

Indikativ Imperfekt

monē**ba**m	*ich ermahnte*
monē**bā**s	*du ermahntest*
monē**ba**t	*er/sie/es ermahnte*
monē**bā**mus	*wir ermahnten*
monē**bā**tis	*ihr ermahntet*
monē**ba**nt	*sie ermahnten*

Futur I

monē**b**ō	*ich werde ermahnen*
monē**bi**s	*du wirst ermahnen*
monē**bi**t	*er/sie/es wird ermahnen*
monē**bi**mus	*wir werden ermahnen*
monē**bi**tis	*ihr werdet ermahnen*
monē**bu**nt	*sie werden ermahnen*

Konjunktiv Präsens

mone**a**m	*ich möge ermahnen*
mone**ā**s	*du mögest ermahnen*
mone**a**t	*er/sie/es möge ermahnen*
mone**ā**mus	*wir mögen ermahnen*
mone**ā**tis	*ihr möget ermahnen*
mone**a**nt	*sie mögen ermahnen*

Konjunktiv Imperfekt

monē**re**m	*ich würde ermahnen*
monē**rē**s	*du würdest ermahnen*
monē**re**t	*er/sie/es würde ermahnen*
monē**rē**mus	*wir würden ermahnen*
monē**rē**tis	*ihr würdet ermahnen*
monē**re**nt	*sie würden ermahnen*

Imperativ I

monē	*ermahne!*
monēte	*ermahnt!*

Imperativ II

monētō	*du sollst ermahnen!*
monētō	*er/sie/es soll ermahnen!*
monētōte	*ihr sollt ermahnen!*
monentō	*sie sollen ermahnen!*

Nominalformen des Präsens- und Partizipialstamms

Infinitiv Präsens

monēre - *ermahnen*

Infinitiv Futur

monitūrum/-am/-um esse - *im Begriff sein zu ermahnen*

Partizip Präsens

monēns, monentis - *ermahnend; einer/eine/eines, der/die/das ermahnt*

Partizip Futur

monitūrus/-a/-um - *einer/eine/eines, der/die/das ermahnen wird*

Gerund

-, monendī, monendō, ad monendum, monendō - *des Ermahnens, dem Ermahnen* usw.

Personalformen des Präsensstamms

Indikativ Präsens

moneor	*ich werde ermahnt*
monēris	*du wirst ermahnt*
monētur	*er/sie/es wird ermahnt*
monēmur	*wir werden ermahnt*
monēminī	*ihr werdet ermahnt*
monentur	*sie werden ermahnt*

Indikativ Imperfekt

monē**ba**r	*ich wurde ermahnt*
monē**bā**ris	*du wurdest ermahnt*
monē**bā**tur	*er/sie/es wurde ermahnt*
monē**bā**mur	*wir wurden ermahnt*
monē**bā**minī	*ihr wurdet ermahnt*
monē**ba**ntur	*sie wurden ermahnt*

Futur I

monē**bo**r	*ich werde ermahnt werden*
monē**be**ris	*du wirst ermahnt werden*
monē**bi**tur	*er/sie/es wird ermahnt werden*
monē**bi**mur	*wir werden ermahnt werden*
monē**bi**minī	*ihr werdet ermahnt werden*
monē**bu**ntur	*sie werden ermahnt werden*

Konjunktiv Präsens

mone**a**r	*ich möge ermahnt werden*
mone**ā**ris	*du mögest ermahnt werden*
mone**ā**tur	*er/sie/es möge ermahnt werden*
mone**ā**mur	*wir mögen ermahnt werden*
mone**ā**minī	*ihr möget ermahnt werden*
mone**a**ntur	*sie mögen ermahnt werden*

Konjunktiv Imperfekt

monē**re**r	*ich würde ermahnt werden*
monē**rē**ris	*du würdest ermahnt werden*
monē**rē**tur	*er/sie/es würde ermahnt werden*
monē**rē**mur	*wir würden ermahnt werden*
monē**rē**minī	*ihr würdet ermahnt werden*
monē**re**ntur	*sie würden ermahnt werden*

Nominalformen des Präsens- und Partizipialstamms

Infinitiv Präsens

monērī - *ermahnt werden*

Infinitiv Futur

monitum īrī - *in Zukunft ermahnt werden*

Gerundiv

monendus/-a/-um - *einer/eine/eines, der/die/das ermahnt werden muss*

Personalformen des Perfektstamms

Indikativ Perfekt

monuī	*ich habe ermahnt*
monuistī	*du hast ermahnt*
monuit	*er/sie/es hat ermahnt*
monuimus	*wir haben ermahnt*
monuistis	*ihr habt ermahnt*
monuērunt	*sie haben ermahnt*

Indikativ Plusquamperfekt

monueram	*ich hatte ermahnt*
monuerās	*du hattest ermahnt*
monuerat	*er/sie/es hatte ermahnt*
monuerāmus	*wir hatten ermahnt*
monuerātis	*ihr hattet ermahnt*
monuerant	*sie hatten ermahnt*

Futur II

monuerō	*ich werde ermahnt haben*
monueris	*du wirst ermahnt haben*
monuerit	*er/sie/es wird ermahnt haben*
monuerimus	*wir werden ermahnt haben*
monueritis	*ihr werdet ermahnt haben*
monuerint	*sie werden ermahnt haben*

Konjunktiv Perfekt

monuerim	*ich habe ermahnt*
monueris	*du habest ermahnt*
monuerit	*er/sie/es habe ermahnt*
monuerimus	*wir haben ermahnt*
monueritis	*ihr habet ermahnt*
monuerint	*sie haben ermahnt*

Konjunktiv Plusquamperfekt

monuissem	*ich hätte ermahnt*
monuissēs	*du hättest ermahnt*
monuisset	*er/sie/es hätte ermahnt*
monuissēmus	*wir hätten ermahnt*
monuissētis	*ihr hättet ermahnt*
monuissent	*sie hätten ermahnt*

Nominalformen des Perfektstamms

Infinitiv Perfekt

monuisse – *ermahnt haben*

Personalformen des Partizipialstamms

Indikativ Perfekt

monitus/-a/-um sum	*ich bin ermahnt worden*
monitus/-a/-um es	*du bist ermahnt worden*
monitus/-a/-um est	*er/sie/es ist ermahnt worden*
monitī/-ae/-a sumus	*wir sind ermahnt worden*
monitī/-ae/-a estis	*ihr seid ermahnt worden*
monitī/-ae/-a sunt	*sie sind ermahnt worden*

Indikativ Plusquamperfekt

monitus/-a/-um eram	*ich war ermahnt worden*
monitus/-a/-um erās	*du warst ermahnt worden*
monitus/-a/-um erat	*er/sie/es war ermahnt worden*
monitī/-ae/-a erāmus	*wir waren ermahnt worden*
monitī/-ae/-a erātis	*ihr wart ermahnt worden*
monitī/-ae/-a erant	*sie waren ermahnt worden*

Futur II

monitus/-a/-um erō	*ich werde ermahnt worden sein*
monitus/-a/-um eris	*du wirst ermahnt worden sein*
monitus/-a/-um erit	*er/sie/es wird ermahnt worden sein*
monitī/-ae/-a erimus	*wir werden ermahnt worden sein*
monitī/-ae/-a eritis	*ihr werdet ermahnt worden sein*
monitī/-ae/-a erunt	*sie werden ermahnt worden sein*

Konjunktiv Perfekt

monitus/-a/-um sim	*ich sei ermahnt worden*
monitus/-a/-um sīs	*du seist ermahnt worden*
monitus/-a/-um sit	*er/sie/es sei ermahnt worden*
monitī/-ae/-a sīmus	*wir seien ermahnt worden*
monitī/-ae/-a sītis	*ihr seiet ermahnt worden*
monitī/-ae/-a sint	*sie seien ermahnt worden*

Konjunktiv Plusquamperfekt

monitus/-a/-um essem	*ich wäre ermahnt worden*
monitus/-a/-um essēs	*du wärest ermahnt worden*
monitus/-a/-um esset	*er/sie/es wäre ermahnt worden*
monitī/-ae/-a essēmus	*wir wären ermahnt worden*
monitī/-ae/-a essētis	*ihr wäret ermahnt worden*
monitī/-ae/-a essent	*sie wären ermahnt worden*

Nominalformen des Partizipialstamms

Infinitiv Perfekt

monitum/-am/-um esse – *ermahnt worden sein*

Partizip Perfekt

monitus/-a/-um – *ermahnt; einer/eine/eines, der/die/das ermahnt worden ist*

e-Konjugation

Personalformen des Präsensstamms

Indikativ Präsens

videō	*ich sehe*
vidēs	*du siehst*
videt	*er/sie/es sieht*
vidēmus	*wir sehen*
vidētis	*ihr seht*
vident	*sie sehen*

Indikativ Imperfekt

vidē**bam**	*ich sah*
vidē**bās**	*du sahst*
vidē**bat**	*er/sie/es sah*
vidē**bā**mus	*wir sahen*
vidē**bā**tis	*ihr saht*
vidē**ba**nt	*sie sahen*

Futur I

vidē**bō**	*ich werde sehen*
vidē**bi**s	*du wirst sehen*
vidē**bi**t	*er/sie/es wird sehen*
vidē**bi**mus	*wir werden sehen*
vidē**bi**tis	*ihr werdet sehen*
vidē**bu**nt	*sie werden sehen*

Konjunktiv Präsens

vide**a**m	*ich möge sehen*
vide**ā**s	*du mögest sehen*
vide**a**t	*er/sie/es möge sehen*
vide**ā**mus	*wir mögen sehen*
vide**ā**tis	*ihr möget sehen*
vide**a**nt	*sie mögen sehen*

Konjunktiv Imperfekt

vidē**re**m	*ich würde sehen*
vidē**rē**s	*du würdest sehen*
vidē**re**t	*er/sie/es würde sehen*
vidē**rē**mus	*wir würden sehen*
vidē**rē**tis	*ihr würdet sehen*
vidē**re**nt	*sie würden sehen*

Imperativ I

vidē	*sieh!*
vidēte	*seht!*

Imperativ II

vidētō	*du sollst sehen!*
vidētō	*er/sie/es soll sehen!*
vidētōte	*ihr sollt sehen!*
videntō	*sie sollen sehen!*

Nominalformen des Präsens- und Partizipialstamms

Infinitiv Präsens

vidēre – *sehen*

Infinitiv Futur

vīsūrum/-am/-um esse – *im Begriff sein zu sehen*

Partizip Präsens

vidēns, videntis – *sehend; einer/eine/eines, der/die/das sieht*

Partizip Futur

vīsūrus/-a/-um – *einer/eine/eines, der/die/das sehen wird*

Gerund

–, videndī, videndō, ad videndum, videndō – *des Sehens, dem Sehen* usw.

Personalformen des Präsensstamms

Indikativ Präsens

videor	*ich werde gesehen*
vidēris	*du wirst gesehen*
vidētur	*er/sie/es wird gesehen*
vidēmur	*wir werden gesehen*
vidēminī	*ihr werdet gesehen*
videntur	*sie werden gesehen*

Indikativ Imperfekt

vidē**ba**r	*ich wurde gesehen*
vidē**bā**ris	*du wurdest gesehen*
vidē**bā**tur	*er/sie/es wurde gesehen*
vidē**bā**mur	*wir wurden gesehen*
vidē**bā**minī	*ihr wurdet gesehen*
vidē**ba**ntur	*sie wurden gesehen*

Futur I

vidē**bo**r	*ich werde gesehen werden*
vidē**be**ris	*du wirst gesehen werden*
vidē**bi**tur	*er/sie/es wird gesehen werden*
vidē**bi**mur	*wir werden gesehen werden*
vidē**bi**minī	*ihr werdet gesehen werden*
vidē**bu**ntur	*sie werden gesehen werden*

Konjunktiv Präsens

vide**a**r	*ich möge gesehen werden*
vide**ā**ris	*du mögest gesehen werden*
vide**ā**tur	*er/sie/es möge gesehen werden*
vide**ā**mur	*wir mögen gesehen werden*
vide**ā**minī	*ihr möget gesehen werden*
vide**a**ntur	*sie mögen gesehen werden*

Konjunktiv Imperfekt

vidē**re**r	*ich würde gesehen werden*
vidē**rē**ris	*du würdest gesehen werden*
vidē**rē**tur	*er/sie/es würde gesehen werden*
vidē**rē**mur	*wir würden gesehen werden*
vidē**rē**minī	*ihr würdet gesehen werden*
vidē**re**ntur	*sie würden gesehen werden*

Nominalformen des Präsens- und Partizipialstamms

Infinitiv Präsens

vidērī - *gesehen werden*

Infinitiv Futur

vīsum īrī - *in Zukunft gesehen werden*

Gerundiv

videndus/-a/-um - *einer/eine/eines, der/die/das gesehen werden muss*

e-Konjugation

Personalformen des Perfektstamms

Indikativ Perfekt

vīdī	*ich habe gesehen*
vīdistī	*du hast gesehen*
vīdit	*er/sie/es hat gesehen*
vīdimus	*wir haben gesehen*
vīdistis	*ihr habt gesehen*
vīdērunt	*sie haben gesehen*

Indikativ Plusquamperfekt

vīderam	*ich hatte gesehen*
vīderās	*du hattest gesehen*
vīderat	*er/sie/es hatte gesehen*
vīderāmus	*wir hatten gesehen*
vīderātis	*ihr hattet gesehen*
vīderant	*sie hatten gesehen*

Futur II

vīderō	*ich werde gesehen haben*
vīderis	*du wirst gesehen haben*
vīderit	*er/sie/es wird gesehen haben*
vīderimus	*wir werden gesehen haben*
vīderitis	*ihr werdet gesehen haben*
vīderint	*sie werden gesehen haben*

Konjunktiv Perfekt

vīderim	*ich habe gesehen*
vīderis	*du habest gesehen*
vīderit	*er/sie/es habe gesehen*
vīderimus	*wir haben gesehen*
vīderitis	*ihr habet gesehen*
vīderint	*sie haben gesehen*

Konjunktiv Plusquamperfekt

vīdissem	*ich hätte gesehen*
vīdissēs	*du hättest gesehen*
vīdisset	*er/sie/es hätte gesehen*
vīdissēmus	*wir hätten gesehen*
vīdissētis	*ihr hättet gesehen*
vīdissent	*sie hätten gesehen*

Nominalformen des Perfektstamms

Infinitiv Perfekt

vīdisse – *gesehen haben*

Personalformen des Partizipialstamms

Indikativ Perfekt

vīsus/-a/-um sum *ich bin gesehen worden*
vīsus/-a/-um es *du bist gesehen worden*
vīsus/-a/-um est *er/sie/es ist gesehen worden*
vīsī/-ae/-a sumus *wir sind gesehen worden*
vīsī/-ae/-a estis *ihr seid gesehen worden*
vīsī/-ae/-a sunt *sie sind gesehen worden*

Indikativ Plusquamperfekt

vīsus/-a/-um eram *ich war gesehen worden*
vīsus/-a/-um erās *du warst gesehen worden*
vīsus/-a/-um erat *er/sie/es war gesehen worden*
vīsī/-ae/-a erāmus *wir waren gesehen worden*
vīsī/-ae/-a erātis *ihr wart gesehen worden*
vīsī/-ae/-a erant *sie waren gesehen worden*

Futur II

vīsus/-a/-um erō *ich werde gesehen worden sein*
vīsus/-a/-um eris *du wirst gesehen worden sein*
vīsus/-a/-um erit *er/sie/es wird gesehen worden sein*
vīsī/-ae/-a erimus *wir werden gesehen worden sein*
vīsī/-ae/-a eritis *ihr werdet gesehen worden sein*
vīsī/-ae/-a erunt *sie werden gesehen worden sein*

Konjunktiv Perfekt

vīsus/-a/-um sim *ich sei gesehen worden*
vīsus/-a/-um sīs *du seiest gesehen worden*
vīsus/-a/-um sit *er/sie/es sei gesehen worden*
vīsī/-ae/-a sīmus *wir seien gesehen worden*
vīsī/-ae/-a sītis *ihr seiet gesehen worden*
vīsī/-ae/-a sint *sie seien gesehen worden*

Konjunktiv Plusquamperfekt

vīsus/-a/-um essem *ich wäre gesehen worden*
vīsus/-a/-um essēs *du wärest gesehen worden*
vīsus/-a/-um esset *er/sie/es wäre gesehen worden*
vīsī/-ae/-a essēmus *wir wären gesehen worden*
vīsī/-ae/-a essētis *ihr wäret gesehen worden*
vīsī/-ae/-a essent *sie wären gesehen worden*

Nominalformen des Partizipialstamms

Infinitiv Perfekt

vīsum/-am/-um esse – *gesehen worden sein*

Partizip Perfekt

vīsus/-a/-um – *einer/eine/eines, der/die/das gesehen worden ist*

Deponens der e-Konjugation

Personalformen des Präsensstamms

Indikativ Präsens

vereor	*ich fürchte*
verēris	*du fürchtest*
verētur	*er/sie/es fürchtet*
verēmur	*wir fürchten*
verēminī	*ihr fürchtet*
verentur	*sie fürchten*

Indikativ Imperfekt

verē**ba**r	*ich fürchtete*
verē**bā**ris	*du fürchtetest*
verē**bā**tur	*er/sie/es fürchtete*
verē**bā**mur	*wir fürchteten*
verē**bā**minī	*ihr fürchtetet*
verē**ba**ntur	*sie fürchteten*

Futur I

verē**bo**r	*ich werde fürchten*
verē**be**ris	*du wirst fürchten*
verē**bi**tur	*er/sie/es wird fürchten*
verē**bi**mur	*wir werden fürchten*
verē**bi**minī	*ihr werdet fürchten*
verē**bu**ntur	*sie werden fürchten*

Konjunktiv Präsens

vere**a**r	*ich möge fürchten*
vere**ā**ris	*du mögest fürchten*
vere**ā**tur	*er/sie/es möge fürchten*
vere**ā**mur	*wir mögen fürchten*
vere**ā**minī	*ihr möget fürchten*
vere**a**ntur	*sie mögen fürchten*

Konjunktiv Imperfekt

verē**re**r	*ich würde fürchten*
verē**rē**ris	*du würdest fürchten*
verē**rē**tur	*er/sie/es würde fürchten*
verē**rē**mur	*wir würden fürchten*
verē**rē**minī	*ihr würdet fürchten*
verē**re**ntur	*sie würden fürchten*

Imperativ I

verēre	*fürchte!*
verēminī	*fürchtet!*

Imperativ II

verētor	*du sollst fürchten!*
verētor	*er/sie/es soll fürchten!*
–	
verentor	*sie sollen fürchten!*

Nominalformen des Präsens- und Partizipialstamms

Infinitiv Präsens

verērī – *fürchten*

Infinitiv Futur

veritūrum/-am /-um esse – *im Begriff sein zu fürchten*

Partizip Präsens

verēns, verentis – *fürchtend; einer/eine/eines, der/die/das fürchtet*

Partizip Futur

veritūrus/-a/-um – *einer/eine/eines, der/die/das fürchten wird*

Gerund und Gerundiv

–, verendī usw. – *des Fürchtens* usw.; verendus/-a/-um – *einer/eine/eines, der/die/das gefürchtet werden muss*

Deponens der e-Konjugation

Personalformen des Partizipialstamms

Indikativ Perfekt

veritus/-a/-um sum	*ich habe gefürchtet*
veritus/-a/-um es	*du hast gefürchtet*
veritus/-a/-um est	*er/sie/es hat gefürchtet*
veritī/-ae/-a sumus	*wir haben gefürchtet*
veritī/-ae/-a estis	*ihr habt gefürchtet*
veritī/-ae/-a sunt	*sie haben gefürchtet*

Indikativ Plusquamperfekt

veritus/-a/-um eram	*ich hatte gefürchtet*
veritus/-a/-um erās	*du hattest gefürchtet*
veritus/-a/-um erat	*er/sie/es hatte gefürchtet*
veritī/-ae/-a erāmus	*wir hatten gefürchtet*
veritī/-ae/-a erātis	*ihr hattet gefürchtet*
veritī/-ae/-a erant	*sie hatten gefürchtet*

Futur II

veritus/-a/-um erō	*ich werde gefürchtet haben*
veritus/-a/-um eris	*du wirst gefürchtet haben*
veritus/-a/-um erit	*er/sie/es wird gefürchtet haben*
veritī/-ae/-a erimus	*wir werden gefürchtet haben*
veritī/-ae/-a eritis	*ihr werdet gefürchtet haben*
veritī/-ae/-a erunt	*sie werden gefürchtet haben*

Konjunktiv Perfekt

veritus/-a/-um sim	*ich habe gefürchtet*
veritus/-a/-um sīs	*du habest gefürchtet*
veritus/-a/-um sit	*er/sie/es habe gefürchtet*
veritī/-ae/-a sīmus	*wir haben gefürchtet*
veritī/-ae/-a sītis	*ihr habet gefürchtet*
veritī/-ae/-a sint	*sie haben gefürchtet*

Konjunktiv Plusquamperfekt

veritus/-a/-um essem	*ich hätte gefürchtet*
veritus/-a/-um essēs	*du hättest gefürchtet*
veritus/-a/-um esset	*er/sie/es hätte gefürchtet*
veritī/-ae/-a essēmus	*wir hätten gefürchtet*
veritī/-ae/-a essētis	*ihr hättet gefürchtet*
veritī/-ae/-a essent	*sie hätten gefürchtet*

Nominalformen des Partizipialstamms

Infinitiv Perfekt

veritum/-am/-um esse – *gefürchtet haben*

Partizip Perfekt

veritus/-a/-um – *einer/eine/eines, der/die/das gefürchtet hat*

Verben der e-Konjugation mit Dativ oder Akkusativ

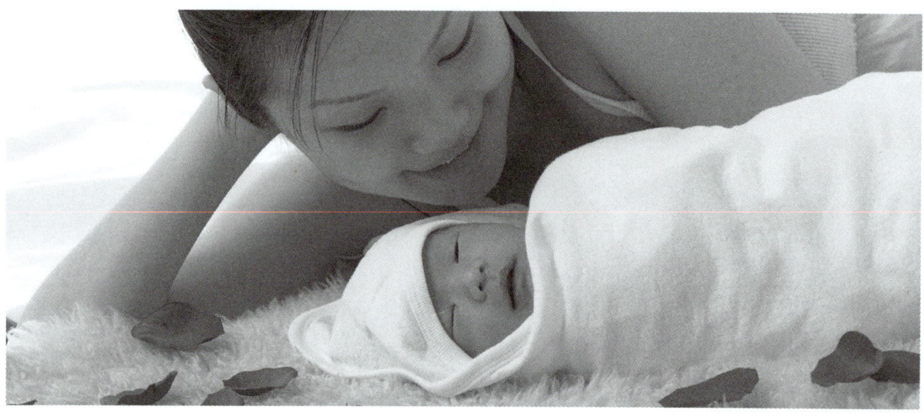

Einige Verben der e-Konjugation können sowohl ein Dativ- als auch ein Akkusativobjekt haben. Sie haben dann jedoch jeweils unterschiedliche Bedeutungen.

Verb	**+ Dativ**	**+ Akkusativ**
cavēre	*sorgen für, Acht geben auf*	*sich hüten vor*
prōvidēre	*Sorge tragen, (vor)sorgen für, vorsichtig sein*	*voraussehen, früher sehen, im Voraus besorgen*
timēre	*besorgt sein für/um, fürchten um*	*fürchten, sich fürchten vor*

Beispiele und Wendungen

Cavē canem!
Hüte dich vor dem Hund!

Parentēs līberīs cavent.
Eltern sorgen für ihre Kinder.

Caesar frūmentum exercituī prōvidet.
Cäsar besorgt Getreide für das Heer im Voraus.

Egō, priusquam loquī coepistī, sēnsī atque prōvīdī.
Ich jedoch habe, bevor du zu sprechen begonnen hast, (dies) gespürt und vorausgesehen.

Omnibus rēbus cūrā et prōvidē, nē quid eī dēsit!
Kümmere dich um alle Dinge und trage Sorge, dass ihm/ihr nichts fehle!

Verben der e-Konjugation mit Dativ oder Akkusativ

Philosophus mortem nōn timet.
Ein Philosoph hat keine Angst vor dem Tod.

Incolae lībertātī timent.
Die Einwohner fürchten um ihre Freiheit.

Tipp
Analysieren Sie immer zunächst den Satz und bestimmen Sie die Satzgliedfunktionen. Erst wenn Sie erkannt haben, ob diese Verben mit einem Dativ- oder Akkusativobjekt stehen, ist ihre Bedeutung eindeutig.

Besonderheiten

Auch einige Verben der konsonantischen Konjugation verändern je nach Objekt ihre Bedeutung.

Verb	**+ Dativ**	**+ Akkusativ**
cōnsulere	*sorgen für*	*um Rat fragen*
prōspicere	*Sorge tragen, (vor)sorgen für, vorsichtig sein*	*voraussehen, früher sehen, im Voraus besorgen*
metuere	*besorgt sein für/um, fürchten um*	*fürchten, sich fürchten vor*

Prägen Sie sich die folgenden Wendungen ein:

īnsidiās cavēre	*sich vor einer Falle hüten*
sibī cavēre	*für sich(selbst) sorgen*
rem frūmentāriam prōvidēre/prōspicere	*Getreide im Voraus besorgen*
rēs futūrās prōvidēre/prōspicere	*die Zukunft vorhersehen*
salūtī suae prōvidēre/prōspicere	*für das eigene Wohlergehen vorsorgen*
īnsidiās timēre/metuere	*sich vor einer Falle fürchten*
salūtī suae timēre/metuere	*um das eigene Wohlergehen besorgt sein*
ōrāculum dē aliquā rē cōnsulere	*das Orakel wegen etwas um Rat fragen*
cīvibus cōnsulere	*für die Bürger sorgen*
fāmae cōnsulere	*für seinen (guten) Ruf sorgen*

Personalformen des Präsensstamms

Indikativ Präsens

audiō	*ich höre*
audīs	*du hörst*
audit	*er/sie/es hört*
audīmus	*wir hören*
audītis	*ihr hört*
audi**u**nt	*sie hören*

Konjunktiv Präsens

audi**a**m	*ich möge hören*
audi**ā**s	*du mögest hören*
audi**a**t	*er/sie/es möge hören*
audi**ā**mus	*wir mögen hören*
audi**ā**tis	*ihr möget hören*
audi**a**nt	*sie mögen hören*

Indikativ Imperfekt

audi**ēba**m	*ich hörte*
audi**ēbā**s	*du hörtest*
audi**ēba**t	*er/sie/es hörte*
audi**ēbā**mus	*wir hörten*
audi**ēbā**tis	*ihr hörtet*
audi**ēba**nt	*sie hörten*

Konjunktiv Imperfekt

audī**re**m	*ich würde hören*
audī**rē**s	*du würdest hören*
audī**re**t	*er/sie/es würde hören*
audī**rē**mus	*wir würden hören*
audī**rē**tis	*ihr würdet hören*
audī**re**nt	*sie würden hören*

Futur I

audi**a**m	*ich werde hören*
audi**ē**s	*du wirst hören*
audi**e**t	*er/sie/es wird hören*
audi**ē**mus	*wir werden hören*
audi**ē**tis	*ihr werdet hören*
audi**e**nt	*sie werden hören*

Imperativ I

audī	*höre!*
audīte	*hört!*

Imperativ II

audītō	*du sollst hören!*
audītō	*er/sie/es soll hören!*
audītōte	*ihr sollt hören!*
audi**u**ntō	*sie sollen hören!*

Nominalformen des Präsens- und Partizipialstamms

Infinitiv Präsens

audīre – *hören*

Infinitiv Futur

audītūrum/-am/-um esse – *im Begriff sein zu hören*

Partizip Präsens

audi**e**ns, audi**e**ntis – *hörend; einer/eine/eines, der/die/das hört*

Partizip Futur

audītūrus/-a/-um – *einer/eine/eines, der/die/das hören wird*

Gerund

–, audi**e**ndī, audi**e**ndō, ad audi**e**ndum, audi**e**ndō – *des Hörens, dem Hören* usw.

Personalformen des Präsensstamms

Indikativ Präsens

audior	*ich werde gehört*
audīris	*du wirst gehört*
audītur	*er/sie/es wird gehört*
audīmur	*wir werden gehört*
audīminī	*ihr werdet gehört*
audi**u**ntur	*sie werden gehört*

Konjunktiv Präsens

audi**ar**	*ich möge gehört werden*
audi**ā**ris	*du mögest gehört werden*
audi**ā**tur	*er/sie/es möge gehört werden*
audi**ā**mur	*wir mögen gehört werden*
audi**ā**minī	*ihr möget gehört werden*
audi**a**ntur	*sie mögen gehört werden*

Indikativ Imperfekt

audi**ēba**r	*ich wurde gehört*
audi**ēbā**ris	*du wurdest gehört*
audi**ēbā**tur	*er/sie/es wurde gehört*
audi**ēbā**mur	*wir wurden gehört*
audi**ēbā**minī	*ihr wurdet gehört*
audi**ēba**ntur	*sie wurden gehört*

Konjunktiv Imperfekt

audī**rer**	*ich würde gehört werden*
audī**rē**ris	*du würdest gehört werden*
audī**rē**tur	*er/sie/es würde gehört werden*
audī**rē**mur	*wir würden gehört werden*
audī**rē**minī	*ihr würdet gehört werden*
audī**re**ntur	*sie würden gehört werden*

Futur I

audi**ar**	*ich werde gehört werden*
audi**ē**ris	*du wirst gehört werden*
audi**ē**tur	*er/sie/es wird gehört werden*
audi**ē**mur	*wir werden gehört werden*
audi**ē**minī	*ihr werdet gehört werden*
audi**e**ntur	*sie werden gehört werden*

Nominalformen des Präsens- und Partizipialstamms

Infinitiv Präsens

audīrī - *gehört werden*

Infinitiv Futur

audītum īrī - *in Zukunft gehört werden*

Gerundiv

audi**e**ndus/-a/-um - *hörenswert; einer/eine/eines, der/die/das gehört werden muss*

Personalformen des Perfektstamms

Indikativ Perfekt

audīvī	*ich habe gehört*
audīvistī	*du hast gehört*
audīvit	*er/sie/es hat gehört*
audīvimus	*wir haben gehört*
audīvistis	*ihr habt gehört*
audīvērunt	*sie haben gehört*

Indikativ Plusquamperfekt

audīveram	*ich hatte gehört*
audīverās	*du hattest gehört*
audīverat	*er/sie/es hatte gehört*
audīverāmus	*wir hatten gehört*
audīverātis	*ihr hattet gehört*
audīverant	*sie hatten gehört*

Futur II

audīverō	*ich werde gehört haben*
audīveris	*du wirst gehört haben*
audīverit	*er/sie/es wird gehört haben*
audīverimus	*wir werden gehört haben*
audīveritis	*ihr werdet gehört haben*
audīverint	*sie werden gehört haben*

Konjunktiv Perfekt

audīverim	*ich habe gehört*
audīveris	*du habest gehört*
audīverit	*er/sie/es habe gehört*
audīverimus	*wir haben gehört*
audīveritis	*ihr habet gehört*
audīverint	*sie haben gehört*

Konjunktiv Plusquamperfekt

audīvissem	*ich hätte gehört*
audīvissēs	*du hättest gehört*
audīvisset	*er/sie/es hätte gehört*
audīvissēmus	*wir hätten gehört*
audīvissētis	*ihr hättet gehört*
audīvissent	*sie hätten gehört*

Nominalformen des Perfektstamms

Infinitiv Perfekt

audīvisse - *gehört haben*

Personalformen des Partizipialstamms

Indikativ Perfekt

audītus/-a/-um sum	*ich bin gehört worden*
audītus/-a/-um es	*du bist gehört worden*
audītus/-a/-um est	*er/sie/es ist gehört worden*
audītī/-ae/-a sumus	*wir sind gehört worden*
audītī/-ae/-a estis	*ihr seid gehört worden*
audītī/-ae/-a sunt	*sie sind gehört worden*

Indikativ Plusquamperfekt

audītus/-a/-um eram	*ich war gehört worden*
audītus/-a/-um erās	*du warst gehört worden*
audītus/-a/-um erat	*er/sie/es war gehört worden*
audītī/-ae/-a erāmus	*wir waren gehört worden*
audītī/-ae/-a erātis	*ihr wart gehört worden*
audītī/-ae/-a erant	*sie waren gehört worden*

Futur II

audītus/-a/-um erō	*ich werde gehört worden sein*
audītus/-a/-um eris	*du wirst gehört worden sein*
audītus/-a/-um erit	*er/sie/es wird gehört worden sein*
audītī/-ae/-a erimus	*wir werden gehört worden sein*
audītī/-ae/-a eritis	*ihr werdet gehört worden sein*
audītī/-ae/-a erunt	*sie werden gehört worden sein*

Konjunktiv Perfekt

audītus/-a/-um sim	*ich sei gehört worden*
audītus/-a/-um sīs	*du seist gehört worden*
audītus/-a/-um sit	*er/sie/es sei gehört worden*
audītī/-ae/-a sīmus	*wir seien gehört worden*
audītī/-ae/-a sītis	*ihr seiet gehört worden*
audītī/-ae/-a sint	*sie seien gehört worden*

Konjunktiv Plusquamperfekt

audītus/-a/-um essem	*ich wäre gehört worden*
audītus/-a/-um essēs	*du wärest gehört worden*
audītus/-a/-um esset	*er/sie/es wäre gehört worden*
audītī/-ae/-a essēmus	*wir wären gehört worden*
audītī/-ae/-a essētis	*ihr wäret gehört worden*
audītī/-ae/-a essent	*sie wären gehört worden*

Nominalformen des Partizipialstamms

Infinitiv Perfekt

audītum/-am/-um esse – *gehört worden sein*

Partizip Perfekt

audītus/-a/-um – *gehört; einer/eine/eines, der/die/das gehört worden ist*

Personalformen des Präsensstamms

Indikativ Präsens

vinciō	*ich fessle*
vincīs	*du fesselst*
vincit	*er/sie/es fesselt*
vincīmus	*wir fesseln*
vincītis	*ihr fesselt*
vinci**u**nt	*sie fesseln*

Konjunktiv Präsens

vinci**a**m	*ich möge fesseln*
vinci**ā**s	*du mögest fesseln*
vinci**a**t	*er/sie/es möge fesseln*
vinci**ā**mus	*wir mögen fesseln*
vinci**ā**tis	*ihr möget fesseln*
vinci**a**nt	*sie mögen fesseln*

Indikativ Imperfekt

vinci**ēba**m	*ich fesselte*
vinci**ēbā**s	*du fesseltest*
vinci**ēba**t	*er/sie/es fesselte*
vinci**ēbā**mus	*wir fesselten*
vinci**ēbā**tis	*ihr fesseltet*
vinci**ēba**nt	*sie fesselten*

Konjunktiv Imperfekt

vincī**re**m	*ich würde fesseln*
vincī**rē**s	*du würdest fesseln*
vincī**re**t	*er/sie/es würde fesseln*
vincī**rē**mus	*wir würden fesseln*
vincī**rē**tis	*ihr würdet fesseln*
vincī**re**nt	*sie würden fesseln*

Futur I

vinci**a**m	*ich werde fesseln*
vinci**ē**s	*du wirst fesseln*
vinci**e**t	*er/sie/es wird fesseln*
vinci**ē**mus	*wir werden fesseln*
vinci**ē**tis	*ihr werdet fesseln*
vinci**e**nt	*sie werden fesseln*

Imperativ I

vincī	*fessle!*
vincīte	*fesselt!*

Imperativ II

vincītō	*du sollst fesseln!*
vincītō	*er/sie/es soll fesseln!*
vincītōte	*ihr sollt fesseln!*
vinci**u**ntō	*sie sollen fesseln!*

Nominalformen des Präsens- und Partizipialstamms

Infinitiv Präsens

vincīre – *fesseln*

Infinitiv Futur

vīnctūrum/-am/-um esse – *im Begriff sein zu fesseln*

Partizip Präsens

vinci**ē**ns, vinci**e**ntis – *fesselnd; einer/eine/eines, der/die/das fesselt*

Partizip Futur

vīnctūrus/-a/-um – *einer/eine/eines, der/die/das fesseln wird*

Gerund

–, vinci**e**ndī, vinci**e**ndō, ad vinci**e**ndum, vinci**e**ndō – *des Fesselns, dem Fesseln* usw.

Personalformen des Präsensstamms

Indikativ Präsens

vincior	*ich werde gefesselt*
vincīris	*du wirst gefesselt*
vincītur	*er/sie/es wird gefesselt*
vincīmur	*wir werden gefesselt*
vincīminī	*ihr werdet gefesselt*
vinci**u**ntur	*sie werden gefesselt*

Indikativ Imperfekt

vinci**ēba**r	*ich wurde gefesselt*
vinci**ēbā**ris	*du wurdest gefesselt*
vinci**ēbā**tur	*er/sie/es wurde gefesselt*
vinci**ēbā**mur	*wir wurden gefesselt*
vinci**ēbā**minī	*ihr wurdet gefesselt*
vinci**ēba**ntur	*sie wurden gefesselt*

Futur I

vinci**a**r	*ich werde gefesselt werden*
vinci**ē**ris	*du wirst gefesselt werden*
vinc**ē**tur	*er/sie/es wird gefesselt werden*
vinci**ē**mur	*wir werden gefesselt werden*
vinci**ē**minī	*ihr werdet gefesselt werden*
vinci**e**ntur	*sie werden gefesselt werden*

Konjunktiv Präsens

vinci**a**r	*ich möge gefesselt werden*
vinci**ā**ris	*du mögest gefesselt werden*
vinci**ā**tur	*er/sie/es möge gefesselt werden*
vinci**ā**mur	*wir mögen gefesselt werden*
vinci**ā**minī	*ihr möget gefesselt werden*
vinci**a**ntur	*sie mögen gefesselt werden*

Konjunktiv Imperfekt

vincī**re**r	*ich würde gefesselt werden*
vincī**rē**ris	*du würdest gefesselt werden*
vincī**rē**tur	*er/sie/es würde gefesselt werden*
vincī**rē**mur	*wir würden gefesselt werden*
vincī**rē**minī	*ihr würdet gefesselt werden*
vincī**re**ntur	*sie würden gefesselt werden*

Nominalformen des Präsens- und Partizipialstamms

Infinitiv Präsens

vincīrī - *gefesselt werden*

Infinitiv Futur

vīnctum īrī - *in Zukunft gefesselt werden*

Gerundiv

vinci**e**ndus/-a/-um - *einer/eine/eines, der/die/das gefesselt werden muss*

Personalformen des Perfektstamms

Indikativ Perfekt

vīnxī	*ich habe gefesselt*
vīnxistī	*du hast gefesselt*
vīnxit	*er/sie/es hat gefesselt*
vīnximus	*wir haben gefesselt*
vīnxistis	*ihr habt gefesselt*
vīnxērunt	*sie haben gefesselt*

Indikativ Plusquamperfekt

vīnxeram	*ich hatte gefesselt*
vīnxerās	*du hattest gefesselt*
vīnxerat	*er/sie/es hatte gefesselt*
vīnxerāmus	*wir hatten gefesselt*
vīnxerātis	*ihr hattet gefesselt*
vīnxerant	*sie hatten gefesselt*

Futur II

vīnxerō	*ich werde gefesselt haben*
vīnxeris	*du wirst gefesselt haben*
vīnxerit	*er/sie/es wird gefesselt haben*
vīnxerimus	*wir werden gefesselt haben*
vīnxeritis	*ihr werdet gefesselt haben*
vīnxerint	*sie werden gefesselt haben*

Konjunktiv Perfekt

vīnxerim	*ich habe gefesselt*
vīnxeris	*du habest gefesselt*
vīnxerit	*er/sie/es habe gefesselt*
vīnxerimus	*wir haben gefesselt*
vīnxeritis	*ihr habet gefesselt*
vīnxerint	*sie haben gefesselt*

Konjunktiv Plusquamperfekt

vīnxissem	*ich hätte gefesselt*
vīnxissēs	*du hättest gefesselt*
vīnxisset	*er/sie/es hätte gefesselt*
vīnxissēmus	*wir hätten gefesselt*
vīnxissētis	*ihr hättet gefesselt*
vīnxissent	*sie hätten gefesselt*

Nominalformen des Perfektstamms

Infinitiv Perfekt

vīnxisse – *gefesselt haben*

Personalformen des Partizipialstamms

Indikativ Perfekt

vīnctus/-a/-um sum	*ich bin gefesselt worden*
vīnctus/-a/-um es	*du bist gefesselt worden*
vīnctus/-a/-um est	*er/sie/es ist gefesselt worden*
vīnctī/-ae/-a sumus	*wir sind gefesselt worden*
vīnctī/-ae/-a estis	*ihr seid gefesselt worden*
vīnctī/-ae/-a sunt	*sie sind gefesselt worden*

Konjunktiv Perfekt

vīnctus/-a/-um sim	*ich sei gefesselt worden*
vīnctus/-a/-um sīs	*du seiest gefesselt worden*
vīnctus/-a/-um sit	*er/sie/es sei gefesselt worden*
vīnctī/-ae/-a sīmus	*wir seien gefesselt worden*
vīnctī/-ae/-a sītis	*ihr seiet gefesselt worden*
vīnctī/-ae/-a sint	*sie seien gefesselt worden*

Indikativ Plusquamperfekt

vīnctus/-a/-um eram	*ich war gefesselt worden*
vīnctus/-a/-um erās	*du warst gefesselt worden*
vīnctus/-a/-um erat	*er/sie/es war gefesselt worden*
vīnctī/-ae/-a erāmus	*wir waren gefesselt worden*
vīnctī/-ae/-a erātis	*ihr wart gefesselt worden*
vīnctī/-ae/-a erant	*sie waren gefesselt worden*

Konjunktiv Plusquamperfekt

vīnctus/-a/-um essem	*ich wäre gefesselt worden*
vīnctus/-a/-um essēs	*du wärest gefesselt worden*
vīnctus/-a/-um esset	*er/sie/es wäre gefesselt worden*
vīnctī/-ae/-a essēmus	*wir wären gefesselt worden*
vīnctī/-ae/-a essētis	*ihr wäret gefesselt worden*
vīnctī/-ae/-a essent	*sie wären gefesselt worden*

Futur II

vīnctus/-a/-um erō	*ich werde gefesselt worden sein*
vīnctus/-a/-um eris	*du wirst gefesselt worden sein*
vīnctus/-a/-um erit	*er/sie/es wird gefesselt worden sein*
vīnctī/-ae/-a erimus	*wir werden gefesselt worden sein*
vīnctī/-ae/-a eritis	*ihr werdet gefesselt worden sein*
vīnctī/-ae/-a erunt	*sie werden gefesselt worden sein*

Nominalformen des Partizipialstamms

Infinitiv Perfekt

vīnctum/-am/-um esse – *gefesselt worden sein*

Partizip Perfekt

vīnctus/-a/-um – *einer/eine/eines, der/die/das gefesselt worden ist*

iD **largīrī**

schenken

Deponens der i-Konjugation

Personalformen des Präsensstamms

Indikativ Präsens

largior	*ich schenke*
largīris	*du schenkst*
largītur	*er/sie/es schenkt*
largīmur	*wir schenken*
largīminī	*ihr schenkt*
largi**u**ntur	*sie schenken*

Indikativ Imperfekt

largi**ēba**r	*ich schenkte*
largi**ēbā**ris	*du schenktest*
largi**ēbā**tur	*er/sie/es schenkte*
largi**ēbā**mur	*wir schenkten*
largi**ēbā**minī	*ihr schenktet*
largi**ēba**ntur	*sie schenkten*

Futur I

largi**a**r	*ich werde schenken*
largi**ē**ris	*du wirst schenken*
largi**ē**tur	*er/sie/es wird schenken*
largi**ē**mur	*wir werden schenken*
largi**ē**minī	*ihr werdet schenken*
largi**e**ntur	*sie werden schenken*

Konjunktiv Präsens

largi**a**r	*ich möge schenken*
largi**ā**ris	*du mögest schenken*
largi**ā**tur	*er/sie/es möge schenken*
largi**ā**mur	*wir mögen schenken*
largi**ā**minī	*ihr möget schenken*
largi**a**ntur	*sie mögen schenken*

Konjunktiv Imperfekt

largī**re**r	*ich würde schenken*
largī**rē**ris	*du würdest schenken*
largī**rē**tur	*er/sie/es würde schenken*
largī**rē**mur	*wir würden schenken*
largī**rē**minī	*ihr würdet schenken*
largī**re**ntur	*sie würden schenken*

Imperativ I

largīre	*schenk!*
largīminī	*schenkt!*

Imperativ II

largītor	*du sollst schenken!*
largītor	*er/sie/es soll schenken!*
–	
largi**u**ntor	*sie sollen schenken!*

Nominalformen des Präsens- und Partizipialstamms

Infinitiv Präsens

largīrī – *schenken*

Infinitiv Futur

largītūrum/-am/-um esse – *im Begriff sein zu schenken*

Partizip Präsens

largi**ē**ns, largi**e**ntis – *schenken; einer/eine/eines, der/die/das schenkt*

Partizip Futur

largītūrus/-a/-um – *einer/eine/eines, der/die/das schenken wird*

Gerund und Gerundiv

–, largi**e**ndī usw. – *des Schenkens usw.*; largi**e**ndus/-a/-um – *einer/eine/eines, der/die/das geschenkt werden muss*

Deponens der i-Konjugation

Personalformen des Partizipialstamms

Indikativ Perfekt

largītus/-a/-um sum *ich habe geschenkt*
largītus/-a/-um es *du hast geschenkt*
largītus/-a/-um est *er/sie/es hat geschenkt*
largītī/-ae/-a sumus *wir haben geschenkt*
largītī/-ae/-a estis *ihr habt geschenkt*
largītī/-ae/-a sunt *sie haben geschenkt*

Indikativ Plusquamperfekt

largītus/-a/-um eram *ich hatte geschenkt*
largītus/-a/-um erās *du hattest geschenkt*
largītus/-a/-um erat *er/sie/es hatte geschenkt*
largītī/-ae/-a erāmus *wir hatten geschenkt*
largītī/-ae/-a erātis *ihr hattet geschenkt*
largītī/-ae/-a erant *sie hatten geschenkt*

Futur II

largītus/-a/-um erō *ich werde geschenkt haben*
largītus/-a/-um eris *du wirst geschenkt haben*
largītus/-a/-um erit *er/sie/es wird geschenkt haben*
largītī/-ae/-a erimus *wir werden geschenkt haben*
largītī/-ae/-a eritis *ihr werdet geschenkt haben*
largītī/-ae/-a erunt *sie werden geschenkt haben*

Konjunktiv Perfekt

largītus/-a/-um sim *ich habe geschenkt*
largītus/-a/-um sīs *du habest geschenkt*
largītus/-a/-um sit *er/sie/es habe geschenkt*
largītī/-ae/-a sīmus *wir haben geschenkt*
largītī/-ae/-a sītis *ihr habet geschenkt*
largītī/-ae/-a sint *sie haben geschenkt*

Konjunktiv Plusquamperfekt

largītus/-a/-um essem *ich hätte geschenkt*
largītus/-a/-um essēs *du hättest geschenkt*
largītus/-a/-um esset *er/sie/es hätte geschenkt*
largītī/-ae/-a essēmus *wir hätten geschenkt*
largītī/-ae/-a essētis *ihr hättet geschenkt*
largītī/-ae/-a essent *sie hätten geschenkt*

Nominalformen des Partizipialstamms

Infinitiv Perfekt

largītum/-am/-um esse - *geschenkt haben*

Partizip Perfekt

largītus/-a/-um - *einer/eine/eines, der/die/das geschenkt hat*

Leicht verwechselbare Verben

Tipp
Wenn Sie die (Stamm-)Formen sicher beherrschen, können Ihnen solche Verwechslungsfehler nicht passieren. Lesen Sie also immer genau, denn die Bedeutungen sind ganz unterschiedlich!

Beispiele:
1. vinc**iunt**: 3. Pers. Pl. Indikativ Präsens Aktiv von vincīre → *sie fesseln*
   aber: vinc**unt**: 3. Pers. Pl. Indikativ Präsens Aktiv von vincere → *sie siegen*
2. ha**uriē**bam: 1. Pers. Sg. Indikativ Imperfekt Aktiv von haurīre → *ich schöpfte*
   aber: ha**erē**bam: 1. Pers. Sg. Indikativ Imperfekt Aktiv von haerēre → *ich blieb*
3. s**ae**piet: 3. Pers. Sg. Futur I Aktiv von saepīre → *er/sie wird umzäunen*
   aber: s**a**piet: 3. Pers. Sg. Futur I Aktiv von sapere → *er/sie wird schmecken/klug sein*

Beispiele und Wendungen

Mīlitēs vīnctī sunt.
Die Soldaten wurden gefesselt.

Mīlitēs victī sunt.
Die Soldaten wurden besiegt.

Mīlēs animo spem haurit.
Der Soldat schöpft (wörtl. *mit dem Geist*) *Hoffnung.*

Aliquid semper haeret.
Etwas bleibt immer zurück (wörtl. *hängen*).

Einige Verben der i-Konjugation haben einen ähnlichen Präsensstamm bzw. ähnliche Perfekt- und Partizip-Perfekt-Passiv-Formen wie Verben anderer Konjugationsklassen.

Unterscheiden Sie:

vincīre	vinciō	vīnxī	vīnctum	*fesseln*
vincere	vincō	vīcī	victum	*(be)siegen*
vīvere	vīvō	vīxī	vīcturus	*leben*
haurīre	hauriō	hausī	haustum	*schöpfen*
haerēre	haereō	haesī	haesum	*hängen, (hängen) bleiben*
saepīre	saepiō	saepsī	saeptum	*umzäunen*
sapere	sapiō	sapī(v)ī	-	*schmecken; Verstand haben*

Das Verb *venīre*

Beispiele und Wendungen

venīre alicui auxiliō	*jemandem zu Hilfe kommen*
venīre in mentem	*in den Sinn kommen*
Bene vēnisti(s)!	*Herzlich willkommen!*
in sermōnem venīre	*ins Gerede kommen*
in cōnsuētūdinem venīre	*gebräuchlich werden*
domum/Rōmam venīre	*nach Hause/Rom kommen*
annī venientēs	*das zunehmende Alter*
Diēs venit.	*Der Tag bricht an.*

Tipp

Achtung: Verwechseln Sie Formen von **venīre** - *kommen* nicht mit denen von **vēnīre** - *verkauft werden*, das aus **vēnum** - *Verkauf* und **īre** - *gehen* entstanden ist. Lesen Sie die Formen also immer ganz genau!

venīre	veniō	vēnī	ventum	*kommen*
vēnīre	vēneō	vēniī	-	*verkauft werden*

Beispiele:
1. ven**iu**nt: 3. Pers. Pl. Indikativ Präsens Aktiv von venīre → *sie kommen*
   aber: vēn**eu**nt: 3. Pers. Pl. Indikativ Präsens Aktiv von vēnīre → *sie werden verkauft*
2. vēn**ē**runt: 3. Pers. Pl. Indikativ Perfekt Aktiv von venīre → *sie kamen*
   aber: vēn**iē**runt: 3. Pers. Pl. Indikativ Perfekt Aktiv von vēnīre → *sie wurden verkauft*

Konsonantische Konjugation

Personalformen des Präsensstamms

Indikativ Präsens

regō	*ich leite*
reg**i**s	*du leitest*
reg**i**t	*er/sie/es leitet*
reg**i**mus	*wir leiten*
reg**i**tis	*ihr leitet*
reg**u**nt	*sie leiten*

Indikativ Imperfekt

reg**ēba**m	*ich leitete*
reg**ēbā**s	*du leitetest*
reg**ēba**t	*er/sie/es leitete*
reg**ēbā**mus	*wir leiteten*
reg**ēbā**tis	*ihr leitetet*
reg**ēba**nt	*sie leiteten*

Futur I

reg**a**m	*ich werde leiten*
reg**ē**s	*du wirst leiten*
reg**e**t	*er/sie/es wird leiten*
reg**ē**mus	*wir werden leiten*
reg**ē**tis	*ihr werdet leiten*
reg**e**nt	*sie werden leiten*

Konjunktiv Präsens

reg**a**m	*ich möge leiten*
reg**ā**s	*du mögest leiten*
reg**a**t	*er/sie/es möge leiten*
reg**ā**mus	*wir mögen leiten*
reg**ā**tis	*ihr möget leiten*
reg**a**nt	*sie mögen leiten*

Konjunktiv Imperfekt

reg**ere**m	*ich würde leiten*
reg**erē**s	*du würdest leiten*
reg**ere**t	*er/sie/es würde leiten*
reg**erē**mus	*wir würden leiten*
reg**erē**tis	*ihr würdet leiten*
reg**ere**nt	*sie würden leiten*

Imperativ I

reg**e**	*leite!*
reg**i**te	*leitet!*

Imperativ II

reg**i**tō	*du sollst leiten!*
reg**i**tō	*er/sie/es soll leiten!*
reg**i**tōte	*ihr sollt leiten!*
reg**u**ntō	*sie sollen leiten!*

Nominalformen des Präsens- und Partizipialstamms

Infinitiv Präsens

regere - *leiten*

Infinitiv Futur

rectūrum/-am/-um esse - *im Begriff sein zu leiten*

Partizip Präsens

reg**e**ns, reg**e**ntis - *leitend; einer/eine/eines, der/die/das leitet*

Partizip Futur

rectūrus/-a/-um - *einer/eine/eines, der/die/das leiten wird*

Gerund

–, reg**e**ndī, reg**e**ndō, ad reg**e**ndum, reg**e**ndō - *des Leitens, dem Leiten* usw.

Personalformen des Präsensstamms

Indikativ Präsens

reg**o**r	*ich werde geleitet*
reg**e**ris	*du wirst geleitet*
reg**i**tur	*er/sie/es wird geleitet*
reg**i**mur	*wir werden geleitet*
reg**i**minī	*ihr werdet geleitet*
reg**u**ntur	*sie werden geleitet*

Indikativ Imperfekt

reg**ēba**r	*ich wurde geleitet*
reg**ēbā**ris	*du wurdest geleitet*
reg**ēbā**tur	*er/sie/es wurde geleitet*
reg**ēbā**mur	*wir wurden geleitet*
reg**ēbā**minī	*ihr wurdet geleitet*
reg**ēba**ntur	*sie wurden geleitet*

Futur I

reg**a**r	*ich werde geleitet werden*
reg**ē**ris	*du wirst geleitet werden*
reg**ē**tur	*er/sie/es wird geleitet werden*
reg**ē**mur	*wir werden geleitet werden*
reg**ē**minī	*ihr werdet geleitet werden*
reg**e**ntur	*sie werden geleitet werden*

Konjunktiv Präsens

reg**a**r	*ich möge geleitet werden*
reg**ā**ris	*du mögest geleitet werden*
reg**ā**tur	*er/sie/es möge geleitet werden*
reg**ā**mur	*wir mögen geleitet werden*
reg**ā**minī	*ihr möget geleitet werden*
reg**a**ntur	*sie mögen geleitet werden*

Konjunktiv Imperfekt

reg**ere**r	*ich würde geleitet werden*
reg**erē**ris	*du würdest geleitet werden*
reg**erē**tur	*er/sie/es würde geleitet werden*
reg**erē**mur	*wir würden geleitet werden*
reg**erē**minī	*ihr würdet geleitet werden*
reg**ere**ntur	*sie würden geleitet werden*

Nominalformen des Präsens- und Partizipialstamms

Infinitiv Präsens

regī - *geleitet werden*

Infinitiv Futur

rectum īrī - *in Zukunft geleitet werden*

Gerundiv

reg**e**ndus/-a/-um - *einer/eine/eines, der/die/das geleitet werden muss*

Konsonantische Konjugation

Personalformen des Perfektstamms

Indikativ Perfekt

rēxī	*ich habe geleitet*
rēxistī	*du hast geleitet*
rēxit	*er/sie/es hat geleitet*
rēximus	*wir haben geleitet*
rēxistis	*ihr habt geleitet*
rēxērunt	*sie haben geleitet*

Indikativ Plusquamperfekt

rēxeram	*ich hatte geleitet*
rēxerās	*du hattest geleitet*
rēxerat	*er/sie/es hatte geleitet*
rēxerāmus	*wir hatten geleitet*
rēxerātis	*ihr hattet geleitet*
rēxerant	*sie hatten geleitet*

Futur II

rēxerō	*ich werde geleitet haben*
rēxeris	*du wirst geleitet haben*
rēxerit	*er/sie/es wird geleitet haben*
rēxerimus	*wir werden geleitet haben*
rēxeritis	*ihr werdet geleitet haben*
rēxerint	*sie werden geleitet haben*

Konjunktiv Perfekt

rēxerim	*ich habe geleitet*
rēxeris	*du habest geleitet*
rēxerit	*er/sie/es habe geleitet*
rēxerimus	*wir haben geleitet*
rēxeritis	*ihr habet geleitet*
rēxerint	*sie haben geleitet*

Konjunktiv Plusquamperfekt

rēxissem	*ich hätte geleitet*
rēxissēs	*du hättest geleitet*
rēxisset	*er/sie/es hätte geleitet*
rēxissēmus	*wir hätten geleitet*
rēxissētis	*ihr hättet geleitet*
rēxissent	*sie hätten geleitet*

Nominalformen des Perfektstamms

Infinitiv Perfekt

rēxisse – *geleitet haben*

Personalformen des Partizipialstamms

Indikativ Perfekt

rēctus/-a/-um sum	*ich bin geleitet worden*
rēctus/-a/-um es	*du bist geleitet worden*
rēctus/-a/-um est	*er/sie/es ist geleitet worden*
rēctī/-ae/-a sumus	*wir sind geleitet worden*
rēctī/-ae/-a estis	*ihr seid geleitet worden*
rēctī/-ae/-a sunt	*sie sind geleitet worden*

Indikativ Plusquamperfekt

rēctus/-a/-um eram	*ich war geleitet worden*
rēctus/-a/-um erās	*du warst geleitet worden*
rēctus/-a/-um erat	*er/sie/es war geleitet worden*
rēctī/-ae/-a erāmus	*wir waren geleitet worden*
rēctī/-ae/-a erātis	*ihr wart geleitet worden*
rēctī/-ae/-a erant	*sie waren geleitet worden*

Futur II

rēctus/-a/-um erō	*ich werde geleitet worden sein*
rēctus/-a/-um eris	*du wirst geleitet worden sein*
rēctus/-a/-um erit	*er/sie/es wird geleitet worden sein*
rēctī/-ae/-a erimus	*wir werden geleitet worden sein*
rēctī/-ae/-a eritis	*ihr werdet geleitet worden sein*
rēctī/-ae/-a erunt	*sie werden geleitet worden sein*

Konjunktiv Perfekt

rēctus/-a/-um sim	*ich sei geleitet worden*
rēctus/-a/-um sīs	*du seist geleitet worden*
rēctus/-a/-um sit	*er/sie/es sei geleitet worden*
rēctī/-ae/-a sīmus	*wir seien geleitet worden*
rēctī/-ae/-a sītis	*ihr seiet geleitet worden*
rēctī/-ae/-a sint	*sie seien geleitet worden*

Konjunktiv Plusquamperfekt

rēctus/-a/-um essem	*ich wäre geleitet worden*
rēctus/-a/-um essēs	*du wärest geleitet worden*
rēctus/-a/-um esset	*er/sie/es wäre geleitet worden*
rēctī/-ae/-a essēmus	*wir wären geleitet worden*
rēctī/-ae/-a essētis	*ihr wäret geleitet worden*
rēctī/-ae/-a essent	*sie wären geleitet worden*

Nominalformen des Partizipialstamms

Infinitiv Perfekt

rēctum/-am/-um esse – *geleitet worden sein*

Partizip Perfekt

rēctus/-a/-um – *geleitet; einer/eine/eines, der/die/das geleitet worden ist*

Personalformen des Präsensstamms

Indikativ Präsens

pellō	*ich treibe*
pell**is**	*du treibst*
pell**it**	*er/sie/es treibt*
pell**i**mus	*wir treiben*
pell**i**tis	*ihr treibt*
pell**u**nt	*sie treiben*

Indikativ Imperfekt

pell**ēba**m	*ich trieb*
pell**ēbā**s	*du triebst*
pell**ēba**t	*er/sie/es trieb*
pell**ēbā**mus	*wir trieben*
pell**ēbā**tis	*ihr triebt*
pell**ēba**nt	*sie trieben*

Futur I

pell**a**m	*ich werde treiben*
pell**ē**s	*du wirst treiben*
pell**e**t	*er/sie/es wird treiben*
pell**ē**mus	*wir werden treiben*
pell**ē**tis	*ihr werdet treiben*
pell**e**nt	*sie werden treiben*

Konjunktiv Präsens

pell**a**m	*ich möge treiben*
pell**ā**s	*du mögest treiben*
pell**a**t	*er/sie/es möge treiben*
pell**ā**mus	*wir mögen treiben*
pell**ā**tis	*ihr möget treiben*
pell**a**nt	*sie mögen treiben*

Konjunktiv Imperfekt

pell**ere**m	*ich würde treiben*
pell**erē**s	*du würdest treiben*
pell**ere**t	*er/sie/es würde treiben*
pell**erē**mus	*wir würden treiben*
pell**erē**tis	*ihr würdet treiben*
pell**ere**nt	*sie würden treiben*

Imperativ I

pell**e**	*treibe!*
pell**i**te	*treibt!*

Imperativ II

pell**i**tō	*du sollst treiben!*
pell**i**tō	*er/sie/es soll treiben!*
pell**i**tōte	*ihr sollt treiben!*
pell**u**ntō	*sie sollen treiben!*

Nominalformen des Präsens- und Partizipialstamms

Infinitiv Präsens

pell**e**re – *treiben*

Infinitiv Futur

pulsūrum/-am/-um esse – *im Begriff sein zu treiben*

Partizip Präsens

pell**ē**ns, pell**e**ntis – *treibend; einer/eine/eines, der/die/das treibt*

Partizip Futur

pulsūrus/-a/-um – *einer/eine/eines, der/die/das treiben wird*

Gerund

–, pell**e**ndī, pell**e**ndō, ad pell**e**ndum, pell**e**ndō – *des Treibens, dem Treiben* usw.

Personalformen des Präsensstamms

Indikativ Präsens

pellor	*ich werde getrieben*
pell**e**ris	*du wirst getrieben*
pell**i**tur	*er/sie/es wird getrieben*
pell**i**mur	*wir werden getrieben*
pell**i**minī	*ihr werdet getrieben*
pell**u**ntur	*sie werden getrieben*

Indikativ Imperfekt

pell**ēba**r	*ich wurde getrieben*
pell**ēbā**ris	*du wurdest getrieben*
pell**ēbā**tur	*er/sie/es wurde getrieben*
pell**ēbā**mur	*wir wurden getrieben*
pell**ēbā**minī	*ihr wurdet getrieben*
pell**ēba**ntur	*sie wurden getrieben*

Futur I

pell**a**r	*ich werde getrieben werden*
pell**ē**ris	*du wirst getrieben werden*
pell**ē**tur	*er/sie/es wird getrieben werden*
pell**ē**mur	*wir werden getrieben werden*
pell**ē**minī	*ihr werdet getrieben werden*
pell**e**ntur	*sie werden getrieben werden*

Konjunktiv Präsens

pell**a**r	*ich möge getrieben werden*
pell**ā**ris	*du mögest getrieben werden*
pell**ā**tur	*er/sie/es möge getrieben werden*
pell**ā**mur	*wir mögen getrieben werden*
pell**ā**minī	*ihr möget getrieben werden*
pell**a**ntur	*sie mögen getrieben werden*

Konjunktiv Imperfekt

pell**ere**r	*ich würde getrieben werden*
pell**erē**ris	*du würdest getrieben werden*
pell**erē**tur	*er/sie/es würde getrieben werden*
pell**erē**mur	*wir würden getrieben werden*
pell**erē**minī	*ihr würdet getrieben werden*
pell**ere**ntur	*sie würden getrieben werden*

Nominalformen des Präsens- und Partizipialstamms

Infinitiv Präsens

pellī - *getrieben werden*

Infinitiv Futur

pulsum īrī - *in Zukunft getrieben werden*

Gerundiv

pell**e**ndus/-a/-um - *einer/eine/eines, der/die/das getrieben werden muss*

Personalformen des Perfektstamms

Indikativ Perfekt

pepulī	*ich habe getrieben*
pepulistī	*du hast getrieben*
pepulit	*er/sie/es hat getrieben*
pepulimus	*wir haben getrieben*
pepulistis	*ihr habt getrieben*
pepulērunt	*sie haben getrieben*

Indikativ Plusquamperfekt

pepuleram	*ich hatte getrieben*
pepulerās	*du hattest getrieben*
pepulerat	*er/sie/es hatte getrieben*
pepulerāmus	*wir hatten getrieben*
pepulerātis	*ihr hattet getrieben*
pepulerant	*sie hatten getrieben*

Futur II

pepulerō	*ich werde getrieben haben*
pepuleris	*du wirst getrieben haben*
pepulerit	*er/sie/es wird getrieben haben*
pepulerimus	*wir werden getrieben haben*
pepuleritis	*ihr werdet getrieben haben*
pepulerint	*sie werden getrieben haben*

Konjunktiv Perfekt

pepulerim	*ich habe getrieben*
pepuleris	*du habest getrieben*
pepulerit	*er/sie/es habe getrieben*
pepulerimus	*wir haben getrieben*
pepuleritis	*ihr habet getrieben*
pepulerint	*sie haben getrieben*

Konjunktiv Plusquamperfekt

pepulissem	*ich hätte getrieben*
pepulissēs	*du hättest getrieben*
pepulisset	*er/sie/es hätte getrieben*
pepulissēmus	*wir hätten getrieben*
pepulissētis	*ihr hättet getrieben*
pepulissent	*sie hätten getrieben*

Nominalformen des Perfektstamms

Infinitiv Perfekt

pepulisse – *getrieben haben*

Personalformen des Partizipialstamms

Indikativ Perfekt

pulsus/-a/-um sum	*ich bin getrieben worden*
pulsus/-a/-um es	*du bist getrieben worden*
pulsus/-a/-um est	*er/sie/es ist getrieben worden*
pulsī/-ae/-a sumus	*wir sind getrieben worden*
pulsī/-ae/-a estis	*ihr seid getrieben worden*
pulsī/-ae/-a sunt	*sie sind getrieben worden*

Indikativ Plusquamperfekt

pulsus/-a/-um eram	*ich war getrieben worden*
pulsus/-a/-um erās	*du warst getrieben worden*
pulsus/-a/-um erat	*er/sie/es war getrieben worden*
pulsī/-ae/-a erāmus	*wir waren getrieben worden*
pulsī/-ae/-a erātis	*ihr wart getrieben worden*
pulsī/-ae/-a erant	*sie waren getrieben worden*

Futur II

pulsus/-a/-um erō	*ich werde getrieben worden sein*
pulsus/-a/-um eris	*du wirst getrieben worden sein*
pulsus/-a/-um erit	*er/sie/es wird getrieben worden sein*
pulsī/-ae/-a erimus	*wir werden getrieben worden sein*
pulsī/-ae/-a eritis	*ihr werdet getrieben worden sein*
pulsī/-ae/-a erunt	*sie werden getrieben worden sein*

Konjunktiv Perfekt

pulsus/-a/-um sim	*ich sei getrieben worden*
pulsus/-a/-um sīs	*du seiest getrieben worden*
pulsus/-a/-um sit	*er/sie/es sei getrieben worden*
pulsī/-ae/-a sīmus	*wir seien getrieben worden*
pulsī/-ae/-a sītis	*ihr seiet getrieben worden*
pulsī/-ae/-a sint	*sie seien getrieben worden*

Konjunktiv Plusquamperfekt

pulsus/-a/-um essem	*ich wäre getrieben worden*
pulsus/-a/-um essēs	*du wärest getrieben worden*
pulsus/-a/-um esset	*er/sie/es wäre getrieben worden*
pulsī/-ae/-a essēmus	*wir wären getrieben worden*
pulsī/-ae/-a essētis	*ihr wäret getrieben worden*
pulsī/-ae/-a essent	*sie wären getrieben worden*

Nominalformen des Partizipialstamms

Infinitiv Perfekt

pulsum/-am/-um esse – *getrieben worden sein*

Partizip Perfekt

pulsus/-a/-um – *einer/eine/eines, der/die/das getrieben worden ist*

Deponens der konsonantischen Konjugation

Personalformen des Präsensstamms

Indikativ Präsens

sequor	*ich folge*
sequ**e**ris	*du folgst*
sequ**i**tur	*er/sie/es folgt*
sequ**i**mur	*wir folgen*
sequ**i**minī	*ihr folgt*
sequ**u**ntur	*sie folgen*

Indikativ Imperfekt

sequ**ēba**r	*ich folgte*
sequ**ēbā**ris	*du folgtest*
sequ**ēbā**tur	*er/sie/es folgte*
sequ**ēbā**mur	*wir folgten*
sequ**ēbā**minī	*ihr folgtet*
sequ**ēba**ntur	*sie folgten*

Futur I

sequ**a**r	*ich werde folgen*
sequ**ē**ris	*du wirst folgen*
sequ**ē**tur	*er/sie/es wird folgen*
sequ**ē**mur	*wir werden folgen*
sequ**ē**minī	*ihr werdet folgen*
sequ**e**ntur	*sie werden folgen*

Konjunktiv Präsens

sequ**a**r	*ich möge folgen*
sequ**ā**ris	*du mögest folgen*
sequ**ā**tur	*er/sie/es möge folgen*
sequ**ā**mur	*wir mögen folgen*
sequ**ā**minī	*ihr möget folgen*
sequ**a**ntur	*sie mögen folgen*

Konjunktiv Imperfekt

sequ**ere**r	*ich würde folgen*
sequ**erē**ris	*du würdest folgen*
sequ**erē**tur	*er/sie/es würde folgen*
sequ**erē**mur	*wir würden folgen*
sequ**erē**minī	*ihr würdet folgen*
sequ**ere**ntur	*sie würden folgen*

Imperativ I

sequ**e**re	*folge!*
sequ**i**minī	*folgt!*

Imperativ II

sequ**i**tor	*du sollst folgen!*
sequ**i**tor	*er/sie/es soll folgen!*
–	
sequ**u**ntur	*sie sollen folgen!*

Nominalformen des Präsens- und Partizipialstamms

Infinitiv Präsens

sequī – *folgen*

Infinitiv Futur

secūtūrum/-am/-um esse – *im Begriff sein zu folgen*

Partizip Präsens

sequ**ē**ns, sequ**e**ntis – *folgend; einer/eine/eines, der/die/das folgt*

Partizip Futur

secūtūrus/-a/-um – *einer/eine/eines, der/die/das folgen wird*

Gerund und Gerundiv

–, sequ**e**ndī usw. – *des Folgens* usw.; sequ**e**ndus/-a/-um – *einer/eine/eines, dem/der/dem man folgen muss*

Deponens der konsonantischen Konjugation

sequī
folgen

Personalformen des Partizipialstamms

Indikativ Perfekt

secūtus/-a/-um sum	*ich bin gefolgt*
secūtus/-a/-um es	*du bist gefolgt*
secūtus/-a/-um est	*er/sie/es ist gefolgt*
secūtī/-ae/-a sumus	*wir sind gefolgt*
secūtī/-ae/-a estis	*ihr seid gefolgt*
secūtī/-ae/-a sunt	*sie sind gefolgt*

Indikativ Plusquamperfekt

secūtus/-a/-um eram	*ich war gefolgt*
secūtus/-a/-um erās	*du warst gefolgt*
secūtus/-a/-um erat	*er/sie/es war gefolgt*
secūtī/-ae/-a erāmus	*wir waren gefolgt*
secūtī/-ae/-a erātis	*ihr wart gefolgt*
secūtī/-ae/-a erant	*sie waren gefolgt*

Futur II

secūtus/-a/-um erō	*ich werde gefolgt sein*
secūtus/-a/-um eris	*du wirst gefolgt sein*
secūtus/-a/-um erit	*er/sie/es wird gefolgt sein*
secūtī/-ae/-a erimus	*wir werden gefolgt sein*
secūtī/-ae/-a eritis	*ihr werdet gefolgt sein*
secūtī/-ae/-a erunt	*sie werden gefolgt sein*

Konjunktiv Perfekt

secūtus/-a/-um sim	*ich sei gefolgt*
secūtus/-a/-um sīs	*du seiest gefolgt*
secūtus/-a/-um sit	*er/sie/es sei gefolgt*
secūtī/-ae/-a sīmus	*wir seien gefolgt*
secūtī/-ae/-a sītis	*ihr seiet gefolgt*
secūtī/-ae/-a sint	*sie seien gefolgt*

Konjunktiv Plusquamperfekt

secūtus/-a/-um essem	*ich wäre gefolgt*
secūtus/-a/-um essēs	*du wärest gefolgt*
secūtus/-a/-um esset	*er/sie/es wäre gefolgt*
secūtī/-ae/-a essēmus	*wir wären gefolgt*
secūtī/-ae/-a essētis	*ihr wäret gefolgt*
secūtī/-ae/-a essent	*sie wären gefolgt*

Nominalformen des Partizipialstamms

Infinitiv Perfekt

secūtum/-am/-um esse – *gefolgt sein*

Partizip Perfekt

secūtus/-a/-um – *einer/eine/eines, der/die/das gefolgt ist*

Die Bildung von Komposita

Beispiele und Wendungen

Servus equum lōrō dūcit.
Der Sklave führt das Pferd am Zügel.

Paris Helenam Trōiam abdūxit.
Paris entführte Helena nach Troja.

Dux exercitum in plānum dēdūxit.
Der Heerführer führte das Heer in die Ebene hinab.

Komposita setzen sich aus Präfixen (Vorsilben) und dem Simplex eines Verbs zusammen, die Präfixe verändern die Bedeutung des Verbs entsprechend (s. S. 154f.).

Häufige Präfixe sind:

ā/ab-	*weg-*	inter-	*(da)zwischen-*
ad-	*(hin)zu-, hin-*	ob-	*entgegen-*
circum-	*um-, herum-*	prae-	*vor-*
con-	*zusammen-*	dī-/dis-	*auseinander-*
dē-	*weg-*	rē-/red-	*zurück-*
ē/ex-	*heraus-*	trāns-	*hinüber-*
in-	*darin-, hinein-*		

Besonderheiten

Einige Präfixe weisen – je nachdem, mit welchem Laut das Simplex beginnt – Veränderungen auf. Sie gleichen sich an den Folgelaut an.

ā-mittere – *verlieren* aber: **ap**-pōnere – *hinstellen* **ac-**currere – *herbeieilen*

ad-dūcere – *herbeiführen* aber: **af-**fīgere – *anheften* **a-**scrībere – *hinzuschreiben*

cōn-sistere – *beschließen* aber: **cō-**gere – *zusammenziehen, zwingen*

comb-ūrere – *verbrennen*

Tipp

Prägen Sie sich die Bedeutungen der Präfixe (s. o.) gut ein, so können Sie sich viele Bedeutungen noch nicht bekannter Verben erschließen.

kK

Deponentien mit dem Ablativ

utī, fruī, fungī, potīrī

Beispiele und Wendungen

Cōnsiliīs tuīs utor.
Ich befolge deine Ratschläge (wörtl. *mache Gebrauch von deinen Ratschlägen*).

Omnibus in vitā commodīs fruuntur.
Sie genießen zu Lebzeiten alle Annehmlichkeiten.

Exercitus Rōmānus hostium errōre abūsus est.
Das römische Heer nutzte den Fehler der Feinde voll aus.

Die Deponentien **utī** - *gebrauchen*, **abutī** - *missbrauchen, ausnützen*, **fruī** - *genießen*, **fungī** - *verwalten* sowie **potīrī** (i-Konjugation!) - *sich bemächtigen* stehen mit dem **Ablativus instrumentalis**.

occāsiōne utī	*eine Gelegenheit nutzen*
aliquō amīcō utī	*jemanden zum Freund haben*
lēgibus abutī	*die Gesetze missbrauchen*
lībertāte fruī	*die Freiheit genießen*
mūnere fungī	*ein Amt verwalten*
oppidō potīrī	*sich einer Stadt bemächtigen*

Tipp

Mit dem Genitiv stehen jedoch **oblīvīscī** - *vergessen* und **reminīscī** - *sich erinnern.*

Reminīscor neque umquam oblīvīscar noctis illīus.
Ich erinnere mich an jene Nacht und werde sie nie vergessen.

Gemischte Konjugation

Personalformen des Präsensstamms

Indikativ Präsens

capiō	*ich fange*
capis	*du fängst*
capit	*er/sie/es fängt*
capimus	*wir fangen*
capitis	*ihr fangt*
capi**u**nt	*sie fangen*

Indikativ Imperfekt

capi**ēba**m	*ich fing*
capi**ēbā**s	*du fingst*
capi**ēba**t	*er/sie/es fing*
capi**ēbā**mus	*wir fingen*
capi**ēbā**tis	*ihr fingt*
capi**ēba**nt	*sie fingen*

Futur I

capi**a**m	*ich werde fangen*
capi**ē**s	*du wirst fangen*
capi**e**t	*er/sie/es wird fangen*
capi**ē**mus	*wir werden fangen*
capi**ē**tis	*ihr werdet fangen*
capi**e**nt	*sie werden fangen*

Konjunktiv Präsens

capi**a**m	*ich möge fangen*
capi**ā**s	*du mögest fangen*
capi**a**t	*er/sie/es möge fangen*
capi**ā**mus	*wir mögen fangen*
capi**ā**tis	*ihr möget fangen*
capi**a**nt	*sie mögen fangen*

Konjunktiv Imperfekt

cap**ere**m	*ich würde fangen*
cap**erē**s	*du würdest fangen*
cap**ere**t	*er/sie/es würde fangen*
cap**erē**mus	*wir würden fangen*
cap**erē**tis	*ihr würdet fangen*
cap**ere**nt	*sie würden fangen*

Imperativ I

cape	*fang!*
capite	*fangt!*

Imperativ II

capitō	*du sollst fangen!*
capitō	*er/sie/es soll fangen!*
capitōte	*ihr sollt fangen!*
capi**u**ntō	*sie sollen fangen!*

Nominalformen des Präsens- und Partizipialstamms

Infinitiv Präsens

cap**e**re – *fangen*

Infinitiv Futur

captūrum/-am/-um esse – *im Begriff sein zu fangen*

Partizip Präsens

capi**ē**ns, capi**e**ntis – *fangend; einer/eine/eines, der/die/das fängt*

Partizip Futur

captūrus/-a/-um – *einer/eine/eines, der/die/das fangen wird*

Gerund

–, capi**e**ndī, capi**e**ndō, ad capi**e**ndum, capi**e**ndō – *des Fangens, dem Fangen* usw.

Personalformen des Präsensstamms

Indikativ Präsens

capior	*ich werde gefangen*
cap**e**ris	*du wirst gefangen*
capitur	*er/sie/es wird gefangen*
capimur	*wir werden gefangen*
capiminī	*ihr werdet gefangen*
capi**u**ntur	*sie werden gefangen*

Indikativ Imperfekt

capi**ēba**r	*ich wurde gefangen*
capi**ēbā**ris	*du wurdest gefangen*
capi**ēbā**tur	*er/sie/es wurde gefangen*
capi**ēbā**mur	*wir wurden gefangen*
capi**ēbā**minī	*ihr wurdet gefangen*
capi**ēba**ntur	*sie wurden gefangen*

Futur I

capi**a**r	*ich werde gefangen werden*
capi**ē**ris	*du wirst gefangen werden*
capi**ē**tur	*er/sie/es wird gefangen werden*
capi**ē**mur	*wir werden gefangen werden*
capi**ē**minī	*ihr werdet gefangen werden*
capi**e**ntur	*sie werden gefangen werden*

Konjunktiv Präsens

capi**a**r	*ich möge gefangen werden*
capi**ā**ris	*du mögest gefangen werden*
capi**ā**tur	*er/sie/es möge gefangen werden*
capi**ā**mur	*wir mögen gefangen werden*
capi**ā**minī	*ihr möget gefangen werden*
capi**a**ntur	*sie mögen gefangen werden*

Konjunktiv Imperfekt

cap**ere**r	*ich würde gefangen werden*
cap**erē**ris	*du würdest gefangen werden*
cap**erē**tur	*er/sie/es würde gefangen werden*
cap**erē**mur	*wir würden gefangen werden*
cap**erē**minī	*ihr würdet gefangen werden*
cap**ere**ntur	*sie würden gefangen werden*

Nominalformen des Präsens- und Partizipialstamms

Infinitiv Präsens

cap**ī** - *gefangen werden*

Infinitiv Futur

captum īrī - *in Zukunft gefangen werden*

Gerundiv

capi**e**ndus/-a/-um - *einer/eine/eines, der/die/das gefangen werden muss*

Gemischte Konjugation

Personalformen des Perfektstamms

Indikativ Perfekt

cēpī	*ich habe gefangen*
cēpistī	*du hast gefangen*
cēpit	*er/sie/es hat gefangen*
cēpimus	*wir haben gefangen*
cēpistis	*ihr habt gefangen*
cēpērunt	*sie haben gefangen*

Indikativ Plusquamperfekt

cēperam	*ich hatte gefangen*
cēperās	*du hattest gefangen*
cēperat	*er/sie/es hatte gefangen*
cēperāmus	*wir hatten gefangen*
cēperātis	*ihr hattet gefangen*
cēperant	*sie hatten gefangen*

Futur II

cēperō	*ich werde gefangen haben*
cēperis	*du wirst gefangen haben*
cēperit	*er/sie/es wird gefangen haben*
cēperimus	*wir werden gefangen haben*
cēperitis	*ihr werdet gefangen haben*
cēperint	*sie werden gefangen haben*

Konjunktiv Perfekt

cēperim	*ich habe gefangen*
cēperis	*du habest gefangen*
cēperit	*er/sie/es habe gefangen*
cēperimus	*wir haben gefangen*
cēperitis	*ihr habet gefangen*
cēperint	*sie haben gefangen*

Konjunktiv Plusquamperfekt

cēpissem	*ich hätte gefangen*
cēpissēs	*du hättest gefangen*
cēpisset	*er/sie/es hätte gefangen*
cēpissēmus	*wir hätten gefangen*
cēpissētis	*ihr hättet gefangen*
cēpissent	*sie hätten gefangen*

Nominalformen des Perfektstamms

Infinitiv Perfekt

cēpisse – *gefangen haben*

Personalformen des Partizipialstamms

Indikativ Perfekt

captus/-a/-um sum	*ich bin gefangen worden*
captus/-a/-um es	*du bist gefangen worden*
captus/-a/-um est	*er/sie/es ist gefangen worden*
captī/-ae/-a sumus	*wir sind gefangen worden*
captī/-ae/-a estis	*ihr seid gefangen worden*
captī/-ae/-a sunt	*sie sind gefangen worden*

Indikativ Plusquamperfekt

captus/-a/-um eram	*ich war gefangen worden*
captus/-a/-um erās	*du warst gefangen worden*
captus/-a/-um erat	*er/sie/es war gefangen worden*
captī/-ae/-a erāmus	*wir waren gefangen worden*
captī/-ae/-a erātis	*ihr wart gefangen worden*
captī/-ae/-a erant	*sie waren gefangen worden*

Futur II

captus/-a/-um erō	*ich werde gefangen worden sein*
captus/-a/-um eris	*du wirst gefangen worden sein*
captus/-a/-um erit	*er/sie/es wird gefangen worden sein*
captī/-ae/-a erimus	*wir werden gefangen worden sein*
captī/-ae/-a eritis	*ihr werdet gefangen worden sein*
captī/-ae/-a erunt	*sie werden gefangen worden sein*

Konjunktiv Perfekt

captus/-a/-um sim	*ich sei gefangen worden*
captus/-a/-um sīs	*du seist gefangen worden*
captus/-a/-um sit	*er/sie/es sei gefangen worden*
captī/-ae/-a sīmus	*wir seien gefangen worden*
captī/-ae/-a sītis	*ihr seiet gefangen worden*
captī/-ae/-a sint	*sie seien gefangen worden*

Konjunktiv Plusquamperfekt

captus/-a/-um essem	*ich wäre gefangen worden*
captus/-a/-um essēs	*du wärest gefangen worden*
captus/-a/-um esset	*er/sie/es wäre gefangen worden*
captī/-ae/-a essēmus	*wir wären gefangen worden*
captī/-ae/-a essētis	*ihr wäret gefangen worden*
captī/-ae/-a essent	*sie wären gefangen worden*

Nominalformen des Partizipialstamms

Infinitiv Perfekt

captum/-am/-um esse – *gefangen worden sein*

Partizip Perfekt

captus/-a/-um – *gefangen; einer/eine/eines, der/die/das gefangen worden ist*

Personalformen des Präsensstamms

Indikativ Präsens

afficiō	*ich behandle*
afficis	*du behandelst*
afficit	*er/sie/es behandelt*
afficimus	*wir behandeln*
afficitis	*ihr behandelt*
affici**u**nt	*sie behandeln*

Indikativ Imperfekt

affici**ēba**m	*ich behandelte*
affici**ēbā**s	*du behandeltest*
affici**ēba**t	*er/sie/es behandelte*
affici**ēbā**mus	*wir behandelten*
affici**ēbā**tis	*ihr behandeltet*
affici**ēba**nt	*sie behandelten*

Futur I

affici**a**m	*ich werde behandeln*
affici**ē**s	*du wirst behandeln*
affici**e**t	*er/sie/es wird behandeln*
affici**ē**mus	*wir werden behandeln*
affici**ē**tis	*ihr werdet behandeln*
affici**e**nt	*sie werden behandeln*

Konjunktiv Präsens

affici**a**m	*ich möge behandeln*
affici**ā**s	*du mögest behandeln*
affici**a**t	*er/sie/es möge behandeln*
affici**ā**mus	*wir mögen behandeln*
affici**ā**tis	*ihr möget behandeln*
affici**a**nt	*sie mögen behandeln*

Konjunktiv Imperfekt

affic**ere**m	*ich würde behandeln*
affic**erē**s	*du würdest behandeln*
affic**ere**t	*er/sie/es würde behandeln*
affic**erē**mus	*wir würden behandeln*
affic**erē**tis	*ihr würdet behandeln*
affic**ere**nt	*sie würden behandeln*

Imperativ I

affic**e**	*behandle!*
afficite	*behandelt!*

Imperativ II

afficitō	*du sollst behandeln!*
afficitō	*er/sie/es soll behandeln!*
afficitōte	*ihr sollt behandeln!*
affici**u**ntō	*sie sollen behandeln!*

Nominalformen des Präsens- und Partizipialstamms

Infinitiv Präsens

affic**e**re – *behandeln*

Infinitiv Futur

affectūrum/-am/-um esse – *im Begriff sein zu behandeln*

Partizip Präsens

affici**ē**ns, affici**e**ntis – *behandelnd; einer/eine/eines, der/die/das behandelt*

Partizip Futur

affectūrus/-a/-um – *einer/eine/eines, der/die/das behandeln wird*

Gerund

–, affic**ie**ndī, affic**ie**ndō, ad affic**ie**ndum, affic**ie**ndō – *des Behandelns, dem Behandeln* usw.

Personalformen des Präsensstamms

Indikativ Präsens

afficior	*ich werde behandelt*
affic**e**ris	*du wirst behandelt*
afficitur	*er/sie/es wird behandelt*
afficimur	*wir werden behandelt*
afficiminī	*ihr werdet behandelt*
affici**u**ntur	*sie werden behandelt*

Indikativ Imperfekt

affici**ēba**r	*ich wurde behandelt*
affici**ēbā**ris	*du wurdest behandelt*
affici**ēbā**tur	*er/sie/es wurde behandelt*
affici**ēbā**mur	*wir wurden behandelt*
affici**ēbā**minī	*ihr wurdet behandelt*
affici**ēba**ntur	*sie wurden behandelt*

Futur I

affici**a**r	*ich werde behandelt werden*
affici**ē**ris	*du wirst behandelt werden*
affici**ē**tur	*er/sie/es wird behandelt werden*
affici**ē**mur	*wir werden behandelt werden*
affici**ē**minī	*ihr werdet behandelt werden*
affici**e**ntur	*sie werden behandelt werden*

Konjunktiv Präsens

affici**a**r	*ich möge behandelt werden*
affici**ā**ris	*du mögest behandelt werden*
affici**ā**tur	*er/sie/es möge behandelt werden*
affici**ā**mur	*wir mögen behandelt werden*
affici**ā**minī	*ihr möget behandelt werden*
affici**a**ntur	*sie mögen behandelt werden*

Konjunktiv Imperfekt

affic**ere**r	*ich würde behandelt werden*
affic**erē**ris	*du würdest behandelt werden*
affic**erē**tur	*er/sie/es würde behandelt werden*
affic**erē**mur	*wir würden behandelt werden*
affic**erē**minī	*ihr würdet behandelt werden*
affic**ere**ntur	*sie würden behandelt werden*

Nominalformen des Präsens- und Partizipialstamms

Infinitiv Präsens

afficī - *behandelt werden*

Infinitiv Futur

affectum īrī - *in Zukunft behandelt werden*

Gerundiv

affici**e**ndus/-a/-um - *einer/eine/eines, der/die/das behandelt werden muss*

Personalformen des Perfektstamms

Indikativ Perfekt

affēcī	*ich habe behandelt*
affēcistī	*du hast behandelt*
affēcit	*er/sie/es hat behandelt*
affēcimus	*wir haben behandelt*
affēcistis	*ihr habt behandelt*
affēcērunt	*sie haben behandelt*

Indikativ Plusquamperfekt

affēceram	*ich hatte behandelt*
affēcerās	*du hattest behandelt*
affēcerat	*er/sie/es hatte behandelt*
affēcerāmus	*wir hatten behandelt*
affēcerātis	*ihr hattet behandelt*
affēcerant	*sie hatten behandelt*

Futur II

affēcerō	*ich werde behandelt haben*
affēceris	*du wirst behandelt haben*
affēcerit	*er/sie/es wird behandelt haben*
affēcerimus	*wir werden behandelt haben*
affēceritis	*ihr werdet behandelt haben*
affēcerint	*sie werden behandelt haben*

Konjunktiv Perfekt

affēcerim	*ich habe behandelt*
affēceris	*du habest behandelt*
affēcerit	*er/sie/es habe behandelt*
affēcerimus	*wir haben behandelt*
affēceritis	*ihr habet behandelt*
affēcerint	*sie haben behandelt*

Konjunktiv Plusquamperfekt

affēcissem	*ich hätte behandelt*
affēcissēs	*du hättest behandelt*
affēcisset	*er/sie/es hätte behandelt*
affēcissēmus	*wir hätten behandelt*
affēcissētis	*ihr hättet behandelt*
affēcissent	*sie hätten behandelt*

Nominalformen des Perfektstamms

Infinitiv Perfekt

affēcisse – *behandelt haben*

Personalformen des Partizipialstamms

Indikativ Perfekt

affectus/-a/-um sum	*ich bin behandelt worden*
affectus/-a/-um es	*du bist behandelt worden*
affectus/-a/-um est	*er/sie/es ist behandelt worden*
affectī/-ae/-a sumus	*wir sind behandelt worden*
affectī/-ae/-a estis	*ihr seid behandelt worden*
affectī/-ae/-a sunt	*sie sind behandelt worden*

Indikativ Plusquamperfekt

affectus/-a/-um eram	*ich war behandelt worden*
affectus/-a/-um erās	*du warst behandelt worden*
affectus/-a/-um erat	*er/sie/es war behandelt worden*
affectī/-ae/-a erāmus	*wir waren behandelt worden*
affectī/-ae/-a erātis	*ihr wart behandelt worden*
affectī/-ae/-a erant	*sie waren behandelt worden*

Futur II

affectus/-a/-um erō	*ich werde behandelt worden sein*
affectus/-a/-um eris	*du wirst behandelt worden sein*
affectus/-a/-um erit	*er/sie/es wird behandelt worden sein*
affectī/-ae/-a erimus	*wir werden behandelt worden sein*
affectī/-ae/-a eritis	*ihr werdet behandelt worden sein*
affectī/-ae/-a erunt	*sie werden behandelt worden sein*

Konjunktiv Perfekt

affectus/-a/-um sim	*ich sei behandelt worden*
affectus/-a/-um sīs	*du seiest behandelt worden*
affectus/-a/-um sit	*er/sie/es sei behandelt worden*
affectī/-ae/-a sīmus	*wir seien behandelt worden*
affectī/-ae/-a sītis	*ihr seiet behandelt worden*
affectī/-ae/-a sint	*sie seien behandelt worden*

Konjunktiv Plusquamperfekt

affectus/-a/-um essem	*ich wäre behandelt worden*
affectus/-a/-um essēs	*du wärest behandelt worden*
affectus/-a/-um esset	*er/sie/es wäre behandelt worden*
affectī/-ae/-a essēmus	*wir wären behandelt worden*
affectī/-ae/-a essētis	*ihr wäret behandelt worden*
affectī/-ae/-a essent	*sie wären behandelt worden*

Nominalformen des Partizipialstamms

Infinitiv Perfekt

affectum/-am/-um esse – *behandelt worden sein*

Partizip Perfekt

affectus/-a/-um – *einer/eine/eines, der/die/das behandelt worden ist*

Deponens der gemischten Konjugation

Personalformen des Präsensstamms

Indikativ Präsens

patior	*ich dulde*
pateris	*du duldest*
patitur	*er/sie/es duldet*
patimur	*wir dulden*
patiminī	*ihr duldet*
pati**u**ntur	*sie dulden*

Konjunktiv Präsens

pati**a**r	*ich möge dulden*
pati**ā**ris	*du mögest dulden*
pati**ā**tur	*er/sie/es möge dulden*
pati**ā**mur	*wir mögen dulden*
pati**ā**minī	*ihr möget dulden*
pati**a**ntur	*sie mögen dulden*

Indikativ Imperfekt

pati**ēba**r	*ich duldete*
pati**ēbā**ris	*du duldetest*
pati**ēbā**tur	*er/sie/es duldete*
pati**ēbā**mur	*wir duldeten*
pati**ēbā**minī	*ihr duldetet*
pati**ēba**ntur	*sie duldeten*

Konjunktiv Imperfekt

pat**ere**r	*ich würde dulden*
pat**erē**ris	*du würdest dulden*
pat**erē**tur	*er/sie/es würde dulden*
pat**erē**mur	*wir würden dulden*
pat**erē**minī	*ihr würdet dulden*
pat**ere**ntur	*sie würden dulden*

Futur I

pati**a**r	*ich werde dulden*
pati**ē**ris	*du wirst dulden*
pati**ē**tur	*er/sie/es wird dulden*
pati**ē**mur	*wir werden dulden*
pati**ē**minī	*ihr werdet dulden*
pati**e**ntur	*sie werden dulden*

Imperativ I

patere	*dulde!*
patiminī	*duldet!*

Imperativ II

patitor	*du sollst dulden!*
patitor	*er soll dulden!*
–	
pati**u**ntor	*sie sollen dulden!*

Nominalformen des Präsens- und Partizipialstamms

Infinitiv Präsens

patī – *dulden*

Infinitiv Futur

passūrum/-am/-um esse – *im Begriff sein zu dulden*

Partizip Präsens

pati**ē**ns, pati**e**ntis – *duldend; einer/eine/eines, der/die/das duldet*

Partizip Futur

passūrus/-a/-um – *einer/eine/eines, der/die/das dulden wird*

Gerund und Gerundiv

–, pati**e**ndī usw. – *des Duldens* usw.; pati**e**ndus/-a/-um – *einer/eine/eines, der/die/das geduldet werden muss*

Deponens der gemischten Konjugation

patī
dulden

Personalformen des Partizipialstamms

Indikativ Perfekt

passus/-a/-um sum	*ich habe geduldet*
passus/-a/-um es	*du hast geduldet*
passus/-a/-um est	*er/sie/es hat geduldet*
passī/-ae/-a sumus	*wir haben geduldet*
passī/-ae/-a estis	*ihr habt geduldet*
passī/-ae/-a sunt	*sie haben geduldet*

Indikativ Plusquamperfekt

passus/-a/-um eram	*ich hatte geduldet*
passus/-a/-um erās	*du hattest geduldet*
passus/-a/-um erat	*er/sie/es hatte geduldet*
passī/-ae/-a erāmus	*wir hatten geduldet*
passī/-ae/-a erātis	*ihr hattet geduldet*
passī/-ae/-a erant	*sie hatten geduldet*

Futur II

passus/-a/-um erō	*ich werde geduldet haben*
passus/-a/-um eris	*du wirst geduldet haben*
passus/-a/-um erit	*er/sie/es wird geduldet haben*
passī/-ae/-a erimus	*wir werden geduldet haben*
passī/-ae/-a eritis	*ihr werdet geduldet haben*
passī/-ae/-a erunt	*sie werden geduldet haben*

Konjunktiv Perfekt

passus/-a/-um sim	*ich habe geduldet*
passus/-a/-um sīs	*du habest geduldet*
passus/-a/-um sit	*er/sie/es habe geduldet*
passī/-ae/-a sīmus	*wir haben geduldet*
passī/-ae/-a sītis	*ihr habet geduldet*
passī/-ae/-a sint	*sie haben geduldet*

Konjunktiv Plusquamperfekt

passus/-a/-um essem	*ich hätte geduldet*
passus/-a/-um essēs	*du hättest geduldet*
passus/-a/-um esset	*er/sie/es hätte geduldet*
passī/-ae/-a essēmus	*wir hätten geduldet*
passī/-ae/-a essētis	*ihr hättet geduldet*
passī/-ae/-a essent	*sie hätten geduldet*

Nominalformen des Partizipialstamms

Infinitiv Perfekt

passum/-am/-um esse – *geduldet haben*

Partizip Perfekt

passus/-a/-um – *einer/eine/eines, der/die/das geduldet hat*

Das Verb *facere* und seine Komposita

Beispiele und Wendungen

De eā rē nūntius Caesarem certiōrem facit.
Darüber benachrichtigt ein Bote Cäsar.

Caesar Gallīs bellum fēcit.
Cäsar begann einen Krieg mit den Galliern.

Rōmulus moenia Rōmae facere voluit.
Romulus wollte die Stadtmauern Roms errichten.

Wie im Deutschen das Verb *machen* hat das lateinische **facere** viele unterschiedliche Anwendungs- und Bedeutungsmöglichkeiten.

Prägen Sie sich die folgenden Wendungen ein:

neglegenter facere	*nachlässig handeln*
contrā lēgem facere	*gegen das Gesetz handeln*
cum aliquō facere	*jemandes Partei ergreifen*
Iūnōnī facere	*der Juno opfern*
īgnem facere	*anzünden*
sibī viam facere	*sich Bahn brechen*
iter facere	*reisen*
iniūriam facere	*ein Unrecht begehen*
aliquem reum facere	*jemanden anklagen*
iūdicium facere	*ein Urteil abgeben*
aliquem certiōrem facere	*jemanden benachrichtigen*
proelium facere	*eine Schlacht liefern*
bellum alicuī facere	*mit jemandem einen Krieg beginnen*

Das Verb *facere* und seine Komposita

Besonderheiten

Das Passiv der Tempora, die vom Präsensstamm gebildet werden, wird durch die Formen von **fierī** (s. S. 120) ersetzt. Dies gilt auch für die Komposita **assuēfacere** - *gewöhnen*, **patefacere** - *öffnen*, **satisfacere** - *genügen* und **calefacere** - *wärmen*, der Infinitiv Präsens Passiv lautet also **assuēfierī**, **patefierī**, **satisfierī** und **calefierī**.

Castra **fiunt**.
Das Lager wird aufgeschlagen.

Aqua a servīs **calefit**.
Das Wasser wird von den Sklaven erhitzt.

Alle anderen Komposita von **facere** bilden das Passiv jedoch auch ganz regelmäßig nach der gemischten Konjugation.

Puella animō dēficitur.
Das Mädchen wird ohnmächtig.

Claudius itinere cōnficitur.
Die Reise erschöpft Claudius.

Pōns ā mīlitibus efficiēbātur.
Die Brücke wurde von den Soldaten errichtet.

Tipp

Auch das Kompositum **afficere** ist wie sein Simplex sehr wandlungsfähig, was seine Bedeutung betrifft, je nachdem, wer womit *versehen* wird.

Prägen Sie sich die folgenden Wendungen ein:

aliquem laudibus afficere	*jemanden loben* (wörtl. *mit Lob versehen*)
aliquem honōribus afficere	*jemanden ehren*
aliquem mūneribus afficere	*jemanden beschenken*
aliquem poenā afficere	*jemanden bestrafen*
aliquem exiliō afficere	*jemanden verbannen*
aliquem morte afficere	*jemanden töten*
aliquem vulnere afficere	*jemanden verwunden*
morbō afficī	*krank werden*
difficultāte afficī	*in eine schwierige Lage geraten*
sollicitūdine afficī	*in Aufregung geraten*

Unregelmäßige Verben

Personalformen des Präsensstamms

Indikativ Präsens

ferō	*ich trage*
fers	*du trägst*
fert	*er/sie/es trägt*
fer**i**mus	*wir tragen*
fertis	*ihr tragt*
fer**u**nt	*sie tragen*

Indikativ Imperfekt

fer**ēba**m	*ich trug*
fer**ēbā**s	*du trugst*
fer**ēba**t	*er/sie/es trug*
fer**ēbā**mus	*wir trugen*
fer**ēbā**tis	*ihr trugt*
fer**ēba**nt	*sie trugen*

Futur I

fer**a**m	*ich werde tragen*
fer**ē**s	*du wirst tragen*
fer**e**t	*er/sie/es wird tragen*
fer**ē**mus	*wir werden tragen*
fer**ē**tis	*ihr werdet tragen*
fer**e**nt	*sie werden tragen*

Konjunktiv Präsens

fer**am**	*ich möge tragen*
fer**ās**	*du mögest tragen*
fer**at**	*er/sie/es möge tragen*
fer**ā**mus	*wir mögen tragen*
fer**ā**tis	*ihr möget tragen*
fer**a**nt	*sie mögen tragen*

Konjunktiv Imperfekt

fer**rem**	*ich würde tragen*
fer**rē**s	*du würdest tragen*
fer**re**t	*er/sie/es würde tragen*
fer**rē**mus	*wir würden tragen*
fer**rē**tis	*ihr würdet tragen*
fer**re**nt	*sie würden tragen*

Imperativ I

fer	*trag!*
ferte	*tragt!*

Imperativ II

fertō	*du sollst tragen!*
fertō	*er/sie/es soll tragen!*
fertōte	*ihr sollt tragen!*
fer**u**ntō	*sie sollen tragen*

Nominalformen des Präsens- und Partizipialstamms

Infinitiv Präsens

ferre – *tragen*

Infinitiv Futur

lātūrum/-am/-um esse – *im Begriff sein zu tragen*

Partizip Präsens

fer**ē**ns, fer**e**ntis – *tragend, einer/eine/eines, der/die/das trägt*

Partizip Futur

lātūrus/-a/-um – *einer/eine/eines, der/die/das tragen wird*

Gerund

–, fer**e**ndī, fer**e**ndō, ad fer**e**ndum, fer**e**ndō – *des Tragens, dem Tragen* usw.

Personalformen des Präsensstamms

Indikativ Präsens

feror	*ich werde getragen*
ferris	*du wirst getragen*
fertur	*er/sie/es wird getragen*
fer**i**mur	*wir werden getragen*
fer**i**minī	*ihr werdet getragen*
fer**u**ntur	*sie werden getragen*

Indikativ Imperfekt

fer**ēba**r	*ich wurde getragen*
fer**ēbā**ris	*du wurdest getragen*
fer**ēbā**tur	*er/sie/es wurde getragen*
fer**ēbā**mur	*wir wurden getragen*
fer**ēbā**minī	*ihr wurdet getragen*
fer**ēba**ntur	*sie wurden getragen*

Futur I

fer**a**r	*ich werde getragen werden*
fer**ē**ris	*du wirst getragen werden*
fer**ē**tur	*er/sie/es wird getragen werden*
fer**ē**mur	*wir werden getragen werden*
fer**ē**minī	*ihr werdet getragen werden*
fer**e**ntur	*sie werden getragen werden*

Konjunktiv Präsens

fer**a**r	*ich möge getragen werden*
fer**ā**ris	*du mögest getragen werden*
fer**ā**tur	*er/sie/es möge getragen werden*
fer**ā**mur	*wir mögen getragen werden*
fer**ā**minī	*ihr möget getragen werden*
fer**a**ntur	*sie mögen getragen werden*

Konjunktiv Imperfekt

fer**re**r	*ich würde getragen werden*
fer**rē**ris	*du würdest getragen werden*
fer**rē**tur	*er/sie/es würde getragen werden*
fer**rē**mur	*wir würden getragen werden*
fer**rē**minī	*ihr würdet getragen werden*
fer**re**ntur	*sie würden getragen werden*

Nominalformen des Präsens- und Partizipialstamms

Infinitiv Präsens

ferrī - *getragen werden*

Infinitiv Futur

lātum īrī - *in Zukunft getragen werden*

Partizip Präsens

fer**ē**ns, fer**e**ntis - *einer/eine/eines, der/die/das trägt*

Partizip Futur

lātūrus/-a/-um - *einer/eine/eines, der/die/das tragen wird*

Gerundiv

fer**e**ndus/-a/-um - *einer/eine/eines, der/die/das getragen werden muss*

Personalformen des Perfektstamms

Indikativ Perfekt

tulī	*ich habe getragen*
tulistī	*du hast getragen*
tulit	*er/sie/es hat getragen*
tulimus	*wir haben getragen*
tulistis	*ihr habt getragen*
tulērunt	*sie haben getragen*

Indikativ Plusquamperfekt

tuleram	*ich hatte getragen*
tulerās	*du hattest getragen*
tulerat	*er/sie/es hatte getragen*
tulerāmus	*wir hatten getragen*
tulerātis	*ihr hattet getragen*
tulerant	*sie hatten getragen*

Futur II

tulerō	*ich werde getragen haben*
tuleris	*du wirst getragen haben*
tulerit	*er/sie/es wird getragen haben*
tulerimus	*wir werden getragen haben*
tuleritis	*ihr werdet getragen haben*
tulerint	*sie werden getragen haben*

Konjunktiv Perfekt

tulerim	*ich habe getragen*
tuleris	*du habest getragen*
tulerit	*er/sie/es habe getragen*
tulerimus	*wir haben getragen*
tuleritis	*ihr habet getragen*
tulerint	*sie haben getragen*

Konjunktiv Plusquamperfekt

tulissem	*ich hätte getragen*
tulissēs	*du hättest getragen*
tulisset	*er/sie/es hätte getragen*
tulissēmus	*wir hätten getragen*
tulissētis	*ihr hättet getragen*
tulissent	*sie hätten getragen*

Nominalformen des Perfektstamms

Infinitiv Perfekt

tulisse – *getragen haben*

Personalformen des Partizipialstamms

Indikativ Perfekt

lātus/-a/-um sum	*ich bin getragen worden*
lātus/-a/-um es	*du bist getragen worden*
lātus/-a/-um est	*er/sie/es ist getragen worden*
lātī/-ae/-a sumus	*wir sind getragen worden*
lātī/-ae/-a estis	*ihr seid getragen worden*
lātī/-ae/-a sunt	*sie sind getragen worden*

Indikativ Plusquamperfekt

lātus/-a/-um eram	*ich war getragen worden*
lātus/-a/-um erās	*du warst getragen worden*
lātus/-a/-um erat	*er/sie/es war getragen worden*
lātī/-ae/-a erāmus	*wir waren getragen worden*
lātī/-ae/-a erātis	*ihr wart getragen worden*
lātī/-ae/-a erant	*sie waren getragen worden*

Futur II

lātus/-a/-um erō	*ich werde getragen worden sein*
lātus/-a/-um eris	*du wirst getragen worden sein*
lātus/-a/-um erit	*er/sie/es wird getragen worden sein*
lātī/-ae/-a erimus	*wir werden getragen worden sein*
lātī/-ae/-a eritis	*ihr werdet getragen worden sein*
lātī/-ae/-a erunt	*sie werden getragen worden sein*

Konjunktiv Perfekt

lātus/-a/-um sim	*ich sei getragen worden*
lātus/-a/-um sīs	*du seist getragen worden*
lātus/-a/-um sit	*er/sie/es sei getragen worden*
lātī/-ae/-a sīmus	*wir seien getragen worden*
lātī/-ae/-a sītis	*ihr seiet getragen worden*
lātī/-ae/-a sint	*sie seien getragen worden*

Konjunktiv Plusquamperfekt

lātus/-a/-um essem	*ich wäre getragen worden*
lātus/-a/-um essēs	*du wärest getragen worden*
lātus/-a/-um esset	*er/sie/es wäre getragen worden*
lātī/-ae/-a essēmus	*wir wären getragen worden*
lātī/-ae/-a essētis	*ihr wäret getragen worden*
lātī/-ae/-a essent	*sie wären getragen worden*

Nominalformen des Partizipialstamms

Infinitiv Perfekt

lātum/-am/-um esse – *getragen worden sein*

Partizip Perfekt

lātus/-a/-um – *getragen; einer/eine/eines, der/die/das getragen worden ist*

Das Verb *ferre*

Beispiele und Wendungen

Das Verb **ferre** hat sehr viele unterschiedliche Bedeutungen. Prägen Sie sich deshalb die folgenden Wendungen gut ein!

aegrē ferre aliquid	*etwas schwer nehmen, unter etwas leiden, über etwas Kummer empfinden*
graviter/molestē ferre aliquid	*über etwas ungehalten/empört sein, sich über etwas ärgern, etwas bedauern*
arma ferre contrā aliquem	*jemanden angreifen*
prae sē ferre	*zur Schau stellen, an den Tag legen*
praemium ferre	*den Preis davontragen*
auxilium ferre	*Hilfe bringen*
laudem ferre	*Lob ernten*
lēgem ferre	*ein Gesetz beantragen, einen Gesetzesantrag einbringen*
sententiam ferre	*seine Stimme abgeben*
aliquem nōn ferre	*jemanden unerträglich finden*
impetum ferre	*einen Angriff aushalten*
ferunt	*man erzählt, es heißt*
fertur/feruntur	*es wird berichtet, dass er/sie/es .../ dass sie ..., er/sie/es soll/ sie sollen*
sē ferre	*sich begeben*
ferrī	*dahinstürmen, eilen, sich stürzen (auf)*

Aegrē ferō tē nōn valēre.
Es betrübt mich, dass du nicht gesund bist.

Is homō nōn ferendus est.
Er ist ein unerträglicher Mensch.

Das Verb *ferre*

Caesar vīdit omnēs, quī arma ferre possent, in ūnum locum convēnisse.
Caesar sah, dass alle, die waffenfähig waren, an einem Ort zusammengekommen waren.

Tribūnus plēbis lēgem tulit, ut sacerdōtēs populus creāret.
Der Volkstribun brachte einen Gesetzesantrag ein, dass das Volk die Priester wählen solle.

Mīlitēs in hostēs feruntur.
Die Soldaten stürzen sich auf die Feinde.

Besonderheiten

1. Auf die Wendungen **aegrē/molestē/graviter ferre** kann ein AcI oder ein **quod**-Satz folgen:

   Molestē tulī cōnsulātum in istum collātum esse.
   Ich habe mich geärgert, dass das Konsulat diesem (Menschen) übertragen wurde.

   Cicerō aegrē tulit, quod in exilium īre debuit.
   Cicero empfand Kummer (darüber), dass er ins Exil gehen musste.

2. Mit der 3. Person Singular und Plural Indikativ Präsens Passiv - **fertur**, **feruntur** - wird ein NcI konstruiert:

   Cicerō magnō ingeniō fuisse fertur.
   Cicero soll sehr begabt gewesen sein.

   Mīlitēs pontem facere ferēbantur.
   Es ging das Gerücht, dass die Soldaten eine Brücke bauten.

3. Beachten Sie bei den unregelmäßigen Formen des Indikativ Präsens, dass im Aktiv die 2. und 3. Person Singular sowie die 2. Person Plural und der Imperativ I und II ohne Bindevokal gebildet werden. Ebenso im Passiv die 3. Person Singular.

   fers - *du trägst*, fert - *er/sie/es trägt*, fertis - *ihr tragt*, fertur - *er/sie/es wird getragen, es wird berichtet, dass er/sie/es ...*, fer(te) - *trage/tragt!*, fertō(te) - *du sollst/er/sie/es soll/ihr sollt tragen!*

Tipp
Prägen Sie sich die Stammformen gut ein, denn gerade bei **ferre** unterscheiden sich Präsens-, Perfekt- und Partizipialstamm sehr: **ferre**, **ferō**, **tulī**, **lātum**!

Unregelmäßige Verben

Personalformen des Präsensstamms

Indikativ Präsens

s**u**m	*ich bin*
es	*du bist*
est	*er/sie/es ist*
s**u**mus	*wir sind*
estis	*ihr seid*
s**u**nt	*sie sind*

Indikativ Imperfekt

er**a**m	*ich war*
er**ā**s	*du warst*
er**a**t	*er/sie/es war*
er**ā**mus	*wir waren*
er**ā**tis	*ihr wart*
er**a**nt	*sie waren*

Futur I

erō	*ich werde sein*
er**i**s	*du wirst sein*
er**i**t	*er/sie/es wird sein*
er**i**mus	*wir werden sein*
er**i**tis	*ihr werdet sein*
er**u**nt	*sie werden sein*

Konjunktiv Präsens

s**i**m	*ich sei/möge sein*
s**ī**s	*du seiest/mögest sein*
s**i**t	*er/sie/es sei/möge sein*
s**ī**mus	*wir seien/mögen sein*
s**ī**tis	*ihr seiet/möget sein*
s**i**nt	*sie seien/mögen sein*

Konjunktiv Imperfekt

essem	*ich wäre/würde sein*
essēs	*du wärest/würdest sein*
esset	*er/sie/es wäre/würde sein*
essēmus	*wir wären/würden sein*
essētis	*ihr wäret/würdet sein*
essent	*sie wären/würden sein*

Imperativ I

es	*sei!*
este	*seid!*

Imperativ II

estō	*du sollst sein!*
estō	*er soll sein!*
estōte	*ihr sollt sein!*
s**u**ntō	*sie sollen sein!*

Nominalformen des Präsens- und Partizipialstamms

Infinitiv Präsens

esse – *sein*

Infinitiv Futur

futūrum/-am/-um esse; fore – *in Zukunft sein*

Partizip Präsens

–

Partizip Futur

futūrus/-a/-um – *zukünftig; einer/eine/eines, der/die/das sein wird*

Personalformen des Perfektstamms

Indikativ Perfekt

fuī	*ich bin gewesen*
fuistī	*du bist gewesen*
fuit	*er/sie/es ist gewesen*
fuimus	*wir sind gewesen*
fuistis	*ihr seid gewesen*
fuērunt	*sie sind gewesen*

Indikativ Plusquamperfekt

fueram	*ich war gewesen*
fuerās	*du warst gewesen*
fuerat	*er/sie/es war gewesen*
fuerāmus	*wir waren gewesen*
fuerātis	*ihr wart gewesen*
fuerant	*sie waren gewesen*

Futur II

fuerō	*ich werde gewesen sein*
fueris	*du wirst gewesen sein*
fuerit	*er/sie/es wird gewesen sein*
fuerimus	*wir werden gewesen sein*
fueritis	*ihr werdet gewesen sein*
fuerint	*sie werden gewesen sein*

Konjunktiv Perfekt

fuerim	*ich sei gewesen*
fueris	*du seist gewesen*
fuerit	*er/sie/es sei gewesen*
fuerimus	*wir seien gewesen*
fueritis	*ihr seiet gewesen*
fuerint	*sie seiet gewesen*

Konjunktiv Plusquamperfekt

fuissem	*ich wäre gewesen*
fuissēs	*du wärest gewesen*
fuisset	*er/sie/es wäre gewesen*
fuissēmus	*wir wären gewesen*
fuissētis	*ihr wäret gewesen*
fuissent	*sie wären gewesen*

Nominalformen des Perfektstamms

Infinitiv Perfekt

fuisse – *gewesen sein*

Unregelmäßige Verben

Personalformen des Präsensstamms

Indikativ Präsens

possum	*ich kann*
potes	*du kannst*
potest	*er/sie/es kann*
possumus	*wir können*
potestis	*ihr könnt*
possunt	*sie können*

Indikativ Imperfekt

poteram	*ich konnte*
poterās	*du konntest*
poterat	*er/sie/es konnte*
poterāmus	*wir konnten*
poterātis	*ihr konntet*
poterant	*sie konnten*

Futur I

poterō	*ich werde können*
poteris	*du wirst können*
poterit	*er/sie/es wird können*
poterimus	*wir werden können*
poteritis	*ihr werdet können*
poterunt	*sie werden können*

Konjunktiv Präsens

possim	*ich könne/möge können*
possīs	*du könnest/mögest können*
possit	*er/sie/es könne/möge können*
possīmus	*wir können/mögen können*
possītis	*ihr könnet/möget können*
possint	*sie können/mögen können*

Konjunktiv Imperfekt

possem	*ich könnte/würde können*
possēs	*du könntest/würdest können*
posset	*er/sie/es könnte/würde können*
possēmus	*wir könnten/würden können*
possētis	*ihr könntet/würdet können*
possent	*sie könnten/würden können*

Nominalformen des Präsensstamms

Infinitiv Präsens

posse – *können*

Personalformen des Perfektstamms

Indikativ Perfekt

potuī	*ich habe gekonnt*
potuistī	*du hast gekonnt*
potuit	*er/sie/es hat gekonnt*
potuimus	*wir haben gekonnt*
potuistis	*ihr habt gekonnt*
potuērunt	*sie haben gekonnt*

Indikativ Plusquamperfekt

potueram	*ich hatte gekonnt*
potuerās	*du hattest gekonnt*
potuerat	*er/sie/es hatte gekonnt*
potuerāmus	*wir hatten gekonnt*
potuerātis	*ihr hattet gekonnt*
potuerant	*sie hatten gekonnt*

Futur II

potuerō	*ich werde gekonnt haben*
potueris	*du wirst gekonnt haben*
potuerit	*er/sie/es wird gekonnt haben*
potuerimus	*wir werden gekonnt haben*
potueritis	*ihr werdet gekonnt haben*
potuerint	*sie werden gekonnt haben*

Konjunktiv Perfekt

potuerim	*ich habe gekonnt*
potueris	*du habest gekonnt*
potuerit	*er/sie/es habe gekonnt*
potuerimus	*wir haben gekonnt*
potueritis	*ihr habet gekonnt*
potuerint	*sie haben gekonnt*

Konjunktiv Plusquamperfekt

potuissem	*ich hätte gekonnt*
potuissēs	*du hättest gekonnt*
potuisset	*er/sie/es hätte gekonnt*
potuissēmus	*wir hätten gekonnt*
potuissētis	*ihr hättet gekonnt*
potuissent	*sie hätten gekonnt*

Nominalformen des Perfektstamms

Infinitiv Perfekt

potuisse – *gekonnt haben*

Nominalformen des Präsensstamms

Indikativ Präsens

prōsum	*ich nütze*
prōdes	*du nützt*
prōdest	*er/sie/es nützt*
prōsumus	*wir nützen*
prōdestis	*ihr nützt*
prōsunt	*sie nützen*

Konjunktiv Präsens

prōsim	*ich möge nützen*
prōsīs	*du mögest nützen*
prōsit	*er/sie/es möge nützen*
prōsīmus	*wir mögen nützen*
prōsītis	*ihr möget nützen*
prōsint	*sie mögen nützen*

Indikativ Imperfekt

prōderam	*ich nützte*
prōderās	*du nütztest*
prōderat	*er/sie/es nützte*
prōderāmus	*wir nützten*
prōderātis	*ihr nütztet*
prōderant	*sie nützten*

Konjunktiv Imperfekt

prōdessem	*ich würde nützen*
prōdessēs	*du würdest nützen*
prōdesset	*er/sie/es würde nützen*
prōdessēmus	*wir würden nützen*
prōdessētis	*ihr würdet nützen*
prōdessent	*sie würden nützen*

Futur I

prōderō	*ich werde nützen*
prōderis	*du wirst nützen*
prōderit	*er/sie/es wird nützen*
prōderimus	*wir werden nützen*
prōderitis	*ihr werdet nützen*
prōderunt	*sie werden nützen*

Imperativ I

prōdes	*nütze!*
prōdeste	*nützt!*

Nominalformen des Präsens- und Perfektstamms

Infinitiv Präsens

prōdesse – *nützen*

Infinitiv Futur

–

Partizip Präsens

–

Partizip Futur

prōfutūrus/-a/-um – *zukünftig; einer/eine/eines, der/die/das nützen wird*

Personalformen des Perfektstamms

Indikativ Perfekt

prōfuī	*ich habe genützt*
prōfuistī	*du hast genützt*
prōfuit	*er/sie/es hat genützt*
prōfuimus	*wir haben genützt*
prōfuistis	*ihr habt genützt*
prōfuērunt	*sie haben genützt*

Indikativ Plusquamperfekt

prōfueram	*ich hatte genützt*
prōfuerās	*du hattest genützt*
prōfuerat	*er/sie/es hatte genützt*
prōfuerāmus	*wir hatten genützt*
prōfuerātis	*ihr hattet genützt*
prōfuerant	*sie hatten genützt*

Futur II

prōfuerō	*ich werde genützt haben*
prōfueris	*du wirst genützt haben*
prōfuerit	*er/sie/es wird genützt haben*
prōfuerimus	*wir werden genützt haben*
prōfueritis	*ihr werdet genützt haben*
prōfuerint	*sie werden genützt haben*

Konjunktiv Perfekt

prōfuerim	*ich habe genützt*
prōfueris	*du habest genützt*
prōfuerit	*er/sie/es habe genützt*
prōfuerimus	*wir haben genützt*
prōfueritis	*ihr habet genützt*
prōfuerint	*sie haben genützt*

Konjunktiv Plusquamperfekt

prōfuissem	*ich hätte genützt*
prōfuissēs	*du hättest genützt*
prōfuisset	*er/sie/es hätte genützt*
prōfuissēmus	*wir hätten genützt*
prōfuissētis	*ihr hättet genützt*
prōfuissent	*sie hätten genützt*

Nominalformen des Perfektstamms

Infinitiv Perfekt

prōfuisse – *genützt haben*

Das Verb esse

Beispiele und Wendungen

Credō deōs esse.
Ich glaube, dass die Götter existieren.

Sunt, quī dīcant deōs esse.
Es gibt Leute, die behaupten, dass die Götter existieren.

Nōn est, cūr timeās.
Es gibt keinen Grund, weshalb du dich fürchten müsstest.

Cōnsulum est reī pūblicae prōvidēre.
Es ist Aufgabe der Konsuln, für den Staat vorzusorgen.

Liber est dē amīcitiā.
Das Buch handelt von der Freundschaft.

Nihil hōrum est.
Nichts davon (wörtl. *von diesen) ist wahr.*

Das Verb **esse** wird sehr häufig verwendet und hat nicht immer nur die Bedeutung *sein.* Prägen Sie sich die folgenden Wendungen ein:

sunt, quī ...	*es gibt Leute, die ...*
est, cūr/quod ...	*es ist Grund vorhanden, weshalb*
est	*es ist möglich/erlaubt; es ist wahr*
stultitiae est	*es ist ein Zeichen von Dummheit*
consulis est	*es ist Aufgabe/Pflicht des Konsuls*
aliquid patris est	*etwas gehört dem Vater*
māgnī/parvī esse	*viel/wenig wert sein*
alicuī māgnō usuī esse	*jemandem von großem Nutzen sein*
alicuī cordī esse	*jemandem am Herzen liegen*

Besonderheiten

1. Die Formen von **esse** werden verwendet, um das Passiv im Perfekt, Plusquamperfekt und Futur II zu bilden.

   creātus est - *er wurde gewählt,* victī erant - *sie waren besiegt worden,* accūsātī eritis - *ihr werdet angeklagt worden sein*

2. Eine Form von **esse** kann nicht nur Vollverb sein, sondern auch - als sogenannte Kopula - zusammen mit einem Prädikatsnomen das Prädikat bilden.

Sapientēs	beātī		sunt.
	Prädikatsnomen	+	Kopula = Prädikat

   Die Weisen sind glücklich.

Die Verben *posse* und *prōdesse*

posse/prōdesse
können, möglich sein/nützen, helfen

Beispiele und Wendungen

Facere nōn potuī, quīn tibī sententiam meam dēclārārem.
Ich musste dir meine Meinung darlegen.

Dumnorīx grātiā et largītiōne apud Sēquanōs plūrimum poterat.
Dumnorix hatte aufgrund seiner Beliebtheit und Freigebigkeit bei den Sequanern großen (politischen) Einfluss.

Nōn dēlectent nostra verba, sed prōsint!
Unsere Worte sollen nicht erfreuen, sondern nützen!

Aquīs calidīs utor, quia prōsunt, vīnum, quia nōn nocet.
Ich nehme warme Bäder, weil sie helfen, (und) Wein, weil er nicht schadet.

Während **posse** nicht nur *können, möglich sein*, sondern auch *imstande sein, vermögen* bedeutet, kann **prodesse** - *nützen* auch die Bedeutung *helfen* (im Sinne von *nicht schaden*) haben. Siehe hierzu auch die folgenden Wendungen:

potest	*es ist möglich*
nōn possum facere, quīn ...	*ich muss ...* (wörtl. *ich kann nicht (anders) handeln, als dass ich*)
nōn possum nōn ...	*ich muss ...* (wörtl. *ich kann nicht nicht*)
plūrimum posse	*sehr viel vermögen, großen Einfluss haben*

Besonderheiten

1. Für die vom Präsensstamm gebildeten Formen von **posse** (aus **pot(is) + esse** entstanden) gilt: Beginnt die Endung mit Vokal, lautet der Stamm **pot-**, beginnt sie mit **-s-**, lautet er **pos-**.
   po**t**-es - *du kannst,* po**s**-sumus - *wir können,* po**s**-sim - *ich möge können,* po**t**-erat - *er konnte*
2. Nach einem ähnlichen Prinzip werden auch die Formen von **prōdesse** (aus **prō + esse** entstanden) gebildet: Beginnt die Endung mit Vokal, lautet der Stamm **prōd-**, beginnt sie mit **-s-**, lautet er **prō-**.
   prō**d**-es - *du nützt,* pr**ō**-sit - *er/sie/es möge nützen* (davon unser „Prost!"), prō**d**-erimus - *wir werden nützen*

Unregelmäßige Verben

Personalformen des Präsensstamms

Indikativ Präsens

volō	*ich will*
vīs	*du willst*
vult	*er/sie/es will*
vol**u**mus	*wir wollen*
vultis	*ihr wollt*
vol**u**nt	*sie wollen*

Indikativ Imperfekt

vol**ēba**m	*ich wollte*
vol**ēbā**s	*du wolltest*
vol**ēba**t	*er/sie/es wollte*
vol**ēbā**mus	*wir wollten*
vol**ēbā**tis	*ihr wolltet*
vol**ēba**nt	*sie wollten*

Futur I

vol**a**m	*ich werde wollen*
vol**ē**s	*du wirst wollen*
vol**e**t	*er/sie/es wird wollen*
vol**ē**mus	*wir werden wollen*
vol**ē**tis	*ihr werdet wollen*
vol**e**nt	*sie werden wollen*

Konjunktiv Präsens

vel**i**m	*ich möge wollen*
vel**ī**s	*du mögest wollen*
vel**i**t	*er/sie/es möge wollen*
vel**ī**mus	*wir mögen wollen*
vel**ī**tis	*ihr möget wollen*
vel**i**nt	*sie mögen wollen*

Konjunktiv Imperfekt

vel**le**m	*ich würde wollen*
vel**lē**s	*du würdest wollen*
vel**le**t	*er/sie/es würde wollen*
vel**lē**mus	*wir würden wollen*
vel**lē**tis	*ihr würdet wollen*
vel**le**nt	*sie würden wollen*

Nominalformen des Präsensstamms

Infinitiv Präsens

velle – *wollen*

Personalformen des Perfektstamms

Indikativ Perfekt

voluī	*ich habe gewollt*
voluistī	*du hast gewollt*
voluit	*er/sie/es hat gewollt*
voluimus	*wir haben gewollt*
voluistis	*ihr habt gewollt*
voluērunt	*sie haben gewollt*

Indikativ Plusquamperfekt

volueram	*ich hatte gewollt*
voluerās	*du hattest gewollt*
voluerat	*er/sie/es hatte gewollt*
voluerāmus	*wir hatten gewollt*
voluerātis	*ihr hattet gewollt*
voluerant	*sie hatten gewollt*

Futur II

voluerō	*ich werde gewollt haben*
volueris	*du wirst gewollt haben*
voluerit	*er/sie/es wird gewollt haben*
voluerimus	*wir werden gewollt haben*
volueritis	*ihr werdet gewollt haben*
voluerint	*sie werden gewollt haben*

Konjunktiv Perfekt

voluerim	*ich habe gewollt*
volueris	*du habest gewollt*
voluerit	*er/sie/es habe gewollt*
voluerimus	*wir haben gewollt*
volueritis	*ihr habet gewollt*
voluerint	*sie haben gewollt*

Konjunktiv Plusquamperfekt

voluissem	*ich hätte gewollt*
voluissēs	*du hättest gewollt*
voluisset	*er/sie/es hätte gewollt*
voluissēmus	*wir hätten gewollt*
voluissētis	*ihr hättet gewollt*
voluissent	*sie hätten gewollt*

Nominalformen des Perfektstamms

Infinitiv Perfekt

voluisse - *gewollt haben*

Unregelmäßige Verben

Personalformen des Präsensstamms

Indikativ Präsens

nōlō	*ich will nicht*
nōn vīs	*du willst nicht*
nōn vult	*er/sie/es will nicht*
nōl**u**mus	*wir wollen nicht*
nōn vultis	*ihr wollt nicht*
nōl**u**nt	*sie wollen nicht*

Imperfekt

nōl**ēba**m	*ich wollte nicht*
nōl**ēbā**s	*du wolltest nicht*
nōl**ēba**t	*er/sie/es wollte nicht*
nōl**ēbā**mus	*wir wollten nicht*
nōl**ēbā**tis	*ihr wolltet nicht*
nōl**ēba**nt	*sie wollten nicht*

Futur I

nōl**a**m	*ich werde nicht wollen*
nōl**ē**s	*du wirst nicht wollen*
nōl**e**t	*er/sie/es wird nicht wollen*
nōl**ē**mus	*wir werden nicht wollen*
nōl**ē**tis	*ihr werdet nicht wollen*
nōl**e**nt	*sie werden nicht wollen*

Konjunktiv Präsens

nōl**i**m	*ich möge nicht wollen*
nōl**ī**s	*du mögest nicht wollen*
nōl**i**t	*er/sie/es möge nicht wollen*
nōl**ī**mus	*wir mögen nicht wollen*
nōl**ī**tis	*ihr möget nicht wollen*
nōl**i**nt	*sie mögen nicht wollen*

Konjunktiv Imperfekt

nōl**le**m	*ich würde nicht wollen*
nōl**lē**s	*du würdest nicht wollen*
nōl**le**t	*er/sie/es würde nicht wollen*
nōl**lē**mus	*wir würden nicht wollen*
nōl**lē**tis	*ihr würdet nicht wollen*
nōl**le**nt	*sie würden nicht wollen*

Imperativ I

nōl**ī** [turbāre]	*[störe] nicht!*
nōl**ī**te [turbāre]	*[stört] nicht!*

Imperativ II

nōl**ī**tō [turbāre]	*du sollst nicht [stören]!*
nōl**ī**tō [turbāre]	*er/sie/es soll nicht [stören]!*
nōl**ī**tōte [turbāre]	*ihr sollt nicht [stören]!*
nōl**u**ntō [turbāre]	*sie sollen nicht [stören]!*

Nominalformen des Präsensstamms

Infinitiv Präsens

nōlle - *nicht wollen*

Personalformen des Perfektstamms

Indikativ Perfekt

nōluī	*ich habe nicht gewollt*
nōluistī	*du hast nicht gewollt*
nōluit	*er/sie/es hat nicht gewollt*
nōluimus	*wir haben nicht gewollt*
nōluistis	*ihr habt nicht gewollt*
nōluērunt	*sie haben nicht gewollt*

Indikativ Plusquamperfekt

nōlueram	*ich hatte nicht gewollt*
nōluerās	*du hattest nicht gewollt*
nōluerat	*er/sie/es hatte nicht gewollt*
nōluerāmus	*wir hatten nicht gewollt*
nōluerātis	*ihr hattet nicht gewollt*
nōluerant	*sie hatten nicht gewollt*

Futur II

nōluerō	*ich werde nicht gewollt haben*
nōlueris	*du wirst nicht gewollt haben*
nōluerit	*er/sie/es wird nicht gewollt haben*
nōluerimus	*wir werden nicht gewollt haben*
nōlueritis	*ihr werdet nicht gewollt haben*
nōluerint	*sie werden nicht gewollt haben*

Konjunktiv Perfekt

nōluerim	*ich habe nicht gewollt*
nōlueris	*du habest nicht gewollt*
nōluerit	*er/sie/es habe nicht gewollt*
nōluerimus	*wir haben nicht gewollt*
nōlueritis	*ihr habet nicht gewollt*
nōluerint	*sie haben nicht gewollt*

Konjunktiv Plusquamperfekt

nōluissem	*ich hätte nicht gewollt*
nōluissēs	*du hättest nicht gewollt*
nōluisset	*er/sie/es hätte nicht gewollt*
nōluissēmus	*wir hätten nicht gewollt*
nōluissētis	*ihr hättet nicht gewollt*
nōluissent	*sie hätten nicht gewollt*

Nominalformen des Perfektstamms

Infinitiv Perfekt

nōluisse – *nicht gewollt haben*

Personalformen des Präsensstamms

Indikativ Präsens

mālō	*ich will lieber*
māvīs	*du willst lieber*
māvult	*er/sie/es will lieber*
māl**u**mus	*wir wollen lieber*
māvultis	*ihr wollt lieber*
māl**u**nt	*sie wollen lieber*

Indikativ Imperfekt

māl**ēba**m	*ich wollte lieber*
māl**ēbā**s	*du wolltest lieber*
māl**ēba**t	*er/sie/es wollte lieber*
māl**ēbā**mus	*wir wollten lieber*
māl**ēbā**tis	*ihr wolltet lieber*
māl**ēba**nt	*sie wollten lieber*

Futur I

māl**a**m	*ich werde lieber wollen*
māl**ē**s	*du wirst lieber wollen*
māl**e**t	*er/sie/es wird lieber wollen*
māl**ē**mus	*wir werden lieber wollen*
māl**ē**tis	*ihr werdet lieber wollen*
māl**e**nt	*sie werden lieber wollen*

Konjunktiv Präsens

māl**i**m	*ich möge lieber wollen*
māl**ī**s	*du mögest lieber wollen*
māl**i**t	*er/sie/es möge lieber wollen*
māl**ī**mus	*wir mögen lieber wollen*
māl**ī**tis	*ihr möget lieber wollen*
māl**i**nt	*sie mögen lieber wollen*

Konjunktiv Imperfekt

māl**le**m	*ich würde lieber wollen*
māl**lē**s	*du würdest lieber wollen*
māl**le**t	*er/sie/es würde lieber wollen*
māl**lē**mus	*wir würden lieber wollen*
māl**lē**tis	*ihr würdet lieber wollen*
māl**le**nt	*sie würden lieber wollen*

Nominalformen des Präsensstamms

Infinitiv Präsens

mālle - *wollen*

Personalformen des Perfektstamms

Indikativ Perfekt

māluī	*ich habe lieber gewollt*
māluistī	*du hast lieber gewollt*
māluit	*er/sie/es hat lieber gewollt*
māluimus	*wir haben lieber gewollt*
māluistis	*ihr habt lieber gewollt*
māluērunt	*sie haben lieber gewollt*

Indikativ Plusquamperfekt

mālueram	*ich hatte lieber gewollt*
māluerās	*du hattest lieber gewollt*
māluerat	*er/sie/es hatte lieber gewollt*
māluerāmus	*wir hatten lieber gewollt*
māluerātis	*ihr hattet lieber gewollt*
māluerant	*sie hatten lieber gewollt*

Futur II

māluerō	*ich werde lieber gewollt haben*
mālueris	*du wirst lieber gewollt haben*
māluerit	*er/sie/es wird lieber gewollt haben*
māluerimus	*wir werden lieber gewollt haben*
mālueritis	*ihr werdet lieber gewollt haben*
māluerint	*sie werden lieber gewollt haben*

Konjunktiv Perfekt

māluerim	*ich habe lieber gewollt*
mālueris	*du habest lieber gewollt*
māluerit	*er/sie/es habe lieber gewollt*
māluerimus	*wir haben lieber gewollt*
mālueritis	*ihr habet lieber gewollt*
māluerint	*sie haben lieber gewollt*

Konjunktiv Plusquamperfekt

māluissem	*ich hätte lieber gewollt*
māluissēs	*du hättest lieber gewollt*
māluisset	*er/sie/es hätte lieber gewollt*
māluissēmus	*wir hätten lieber gewollt*
māluissētis	*ihr hättet lieber gewollt*
māluissent	*sie hätten lieber gewollt*

Nominalformen des Perfektstamms

Infinitiv Perfekt

māluisse – *lieber gewollt haben*

Die Verben *velle*, *nōlle* und *mālle* zum Ausdruck eines Wunsches

Beispiele

Velim amīcus litterās mittat!
Hoffentlich schickt der Freund einen Brief!

Velim tacuerit!
Hoffentlich hat er/sie geschwiegen!

Nōlim pater domum veniat!
Hoffentlich kommt der Vater nicht nach Hause!

Nōlim testis tacuerit!
Hoffentlich hat der Zeuge nicht geschwiegen!

Ein Wunsch, den der Sprecher für erfüllbar hält, kann durch **velim**, **mālim** oder **utinam** eingeleitet werden. Der Wunsch selbst wird durch den Konjunktiv Präsens (Gegenwart) oder den Konjunktiv Perfekt (Vergangenheit) ausgedrückt.
Verneint wird der erfüllbare Wunsch mit **nōlim** oder **nē**.

Vellem manērētis!
Würdet ihr doch bleiben!

Vellem mānsissētis!
Wäret ihr doch geblieben!

Māllem tacuissem!
Hätte ich doch lieber geschwiegen!

Nōllem manēret!
Würde er/sie doch nicht bleiben!

Nōllem tacuissem!
Hätte ich doch nicht geschwiegen!

Die Verben *velle*, *nōlle* und *mālle* zum Ausdruck eines Wunsches

Ein Wunsch, den der Sprecher für **nicht** erfüllbar (irreal) hält, wird stets durch **vellem**, **māllem** oder **utinam** eingeleitet. Es steht der Konjunktiv Imperfekt (Gegenwart) oder der Konjunktiv Plusquamperfekt (Vergangenheit).
Verneint wird der unerfüllbare Wunsch mit **nōllem** oder **nē**.

Besonderheiten

Der Imperativ I von **nōlle** wird zusammen mit dem Infinitiv Präsens eines anderen Verbs für die Verneinung einer Aufforderung oder eines Befehls verwendet.

Nōlī turbāre circulōs meōs!
Störe meine Kreise nicht!

Nōlīte Rōmam venīre!
Kommt nicht nach Rom!

Aber:
Zur Verneinung eines Imperativs kann statt **nōlī(te)** + Infinitiv Präsens auch **nē (nihil**, **numquam**, **nec**, **nūllus** etc.) + Konjunktiv Perfekt (sogenannter Prohibitiv) stehen.

Nē scrīpseris!
Schreib nicht!

Nihil scrīpseritis!
Schreibt nichts!

Nē eam rem probāveritis!
Billigt diese Angelegenheit nicht!

Numquam mē visitāveris!
Besuch mich niemals!

Unregelmäßige Verben

Personalformen des Präsensstamms

Indikativ Präsens

eō	*ich gehe*
īs	*du gehst*
it	*er/sie/es geht*
īmus	*wir gehen*
ītis	*ihr geht*
e**u**nt	*sie gehen*

Indikativ Imperfekt

ī**ba**m	*ich ging*
ī**bā**s	*du gingst*
ī**ba**t	*er/sie/es ging*
ī**bā**mus	*wir gingen*
ī**bā**tis	*ihr gingt*
ī**ba**nt	*sie gingen*

Futur I

ī**b**ō	*ich werde gehen*
ī**bi**s	*du wirst gehen*
ī**bi**t	*er/sie/es wird gehen*
ī**bi**mus	*wir werden gehen*
ī**bi**tis	*ihr werdet gehen*
ī**bu**nt	*sie werden gehen*

Konjunktiv Präsens

e**a**m	*ich möge gehen*
e**ā**s	*du mögest gehen*
e**a**t	*er/sie/es möge gehen*
e**ā**mus	*wir mögen gehen*
e**ā**tis	*ihr möget gehen*
e**a**nt	*sie mögen gehen*

Konjunktiv Imperfekt

ī**re**m	*ich würde gehen*
ī**rē**s	*du würdest gehen*
ī**re**t	*er/sie/es würde gehen*
ī**rē**mus	*wir würden gehen*
ī**rē**tis	*ihr würdet gehen*
ī**re**nt	*sie würden gehen*

Imperativ I

ī	*geh!*
īte	*geht!*

Imperativ II

ītō	*du sollst gehen!*
ītō	*er/sie/es soll gehen!*
ītōte	*ihr sollt gehen!*
e**u**ntō	*sie sollen gehen!*

Nominalformen des Präsens- und Partizipialstamms

Infinitiv Präsens

īre - *gehen*

Infinitiv Futur

itūrum/-am/-um esse - *im Begriff sein zu gehen*

Partizip Präsens

i**ē**ns, e**u**ntis - *gehend; einer/eine/eines, der/die/das geht*

Partizip Futur

itūrus/-a/-um - *einer/eine/eines, der/die/das gehen wird*

Gerund

-, e**u**ndī, e**u**ndō, ad e**u**ndum, e**u**ndō - *des Gehens, dem Gehen* usw.

Personalformen des Perfektstamms

Indikativ Perfekt

iī	*ich bin gegangen*
īstī	*du bist gegangen*
iit	*er/sie/es ist gegangen*
iimus	*wir sind gegangen*
īstis	*ihr seid gegangen*
iērunt	*sie sind gegangen*

Indikativ Plusquamperfekt

ieram	*ich war gegangen*
ierās	*du warst gegangen*
ierat	*er/sie/es war gegangen*
ierāmus	*wir waren gegangen*
ierātis	*ihr wart gegangen*
ierant	*sie waren gegangen*

Futur II

ierō	*ich werde gegangen sein*
ieris	*du wirst gegangen sein*
ierit	*er/sie/es wird gegangen sein*
ierimus	*wir werden gegangen sein*
ieritis	*ihr werdet gegangen sein*
ierint	*sie werden gegangen sein*

Konjunktiv Perfekt

ierim	*ich sei gegangen*
ieris	*du seiest gegangen*
ierit	*er/sie/es sei gegangen*
ierimus	*wir seien gegangen*
ieritis	*ihr seiet gegangen*
ierint	*sie seien gegangen*

Konjunktiv Plusquamperfekt

īs**se**m	*ich wäre gegangen*
īs**sē**s	*du wärest gegangen*
īs**se**t	*er/sie/es wäre gegangen*
īs**sē**mus	*wir wären gegangen*
īs**sē**tis	*ihr wäret gegangen*
īs**se**nt	*sie wären gegangen*

Nominalformen des Perfektstamms

Infinitiv Perfekt

īsse – *gegangen sein*

Personalformen des Präsensstamms

Indikativ Präsens

fīō *ich werde (gemacht)*
fīs *du wirst (gemacht)*
fit *er/sie/es wird (gemacht), es geschieht*
fīmus *wir werden (gemacht)*
fītis *ihr werdet (gemacht)*
fī**u**nt *sie werden (gemacht)*

Indikativ Imperfekt

fī**ēba**m *ich wurde (gemacht)*
fī**ēbā**s *du wurdest (gemacht)*
fī**ēba**t *er/sie/es wurde (gemacht), es geschah*
fī**ēbā**mus *wir wurden (gemacht)*
fī**ēbā**tis *ihr wurdet (gemacht)*
fī**ēba**nt *sie wurden (gemacht)*

Futur I

fī**a**m *ich werde (gemacht) werden*
fī**ē**s *du wirst (gemacht) werden*
fī**e**t *er/sie/es wird (gemacht) werden, es wird geschehen*
fī**ē**mus *wir werden (gemacht) werden*
fī**ē**tis *ihr werdet (gemacht) werden*
fī**e**nt *sie werden (gemacht) werden*

Konjunktiv Präsens

fī**a**m *ich möge (gemacht) werden*
fī**ā**s *du mögest (gemacht) werden*
fī**a**t *er/sie/es möge (gemacht) werden, es möge geschehen*
fī**ā**mus *wir mögen (gemacht) werden*
fī**ā**tis *ihr möget (gemacht) werden*
fī**a**nt *sie mögen (gemacht) werden*

Konjunktiv Imperfekt

fī**ere**m *ich würde (gemacht) werden*
fī**erē**s *du würdest (gemacht) werden*
fī**ere**t *er/sie/es würde (gemacht) werden, es würde geschehen*
fī**erē**mus *wir würden (gemacht) werden*
fī**erē**tis *ihr würdet (gemacht) werden*
fī**ere**nt *sie würden (gemacht) werden*

Imperativ I

fī *werde!*
fī**ete** *werdet!*

Imperativ II

–

Nominalformen des Präsensstamms

Infinitiv Präsens

fī**er**ī – *werden, gemacht werden, geschehen*

Infinitiv Futur

factum īrī – *im Begriff sein, gemacht zu werden*
(fore *od.* futūrum/-am/-um esse – *künftig geschehen*)

Partizip Präsens

–

Partizip Futur

(futūrus/-a/-um – *einer/eine/eines, der/die/das (gemacht) werden wird*)

Gerundiv

(faciendus/-a/-um – *einer/eine/eins, der/die/das gemacht wird/werden muss*)

Unregelmäßige Verben

Personalformen des Partizipialstamms

Indikativ Perfekt

factus/-a/-um sum	*ich bin ge-(macht) worden*
factus/-a/-um es	*du bist ge-(macht) worden*
factus/-a/-um est	*er/sie/es ist ge-(macht) worden, es ist geschehen*
factī/-ae/-a sumus	*wir sind ge-(macht) worden*
factī/-ae/-a estis	*ihr seid ge-(macht) worden*
factī/-ae/-a sunt	*sie sind ge-(macht) worden*

Indikativ Plusquamperfekt

factus/-a/-um eram	*ich war ge-(macht) worden*
factus/-a/-um erās	*du warst ge-(macht) worden*
factus/-a/-um erat	*er/sie/es war ge-(macht) worden, es war geschehen*
factī/-ae/-a erāmus	*wir waren ge-(macht) worden*
factī/-ae/-a erātis	*ihr wart ge-(macht) worden*
factī/-ae/-a erant	*sie waren ge-(macht) worden*

Futur II

factus/-a/-um erō	*ich werde ge-(macht) worden sein*
factus/-a/-um eris	*du wirst ge-(macht) worden sein*
factus/-a/-um erit	*er/sie/es wird ge-(macht) worden sein, es wird geschehen*
factī/-ae/-a erimus	*wir werden ge-(macht) worden sein*
factī/-ae/-a eritis	*ihr werdet ge-(macht) worden sein*
factī/-ae/-a erunt	*sie werden ge-(macht) worden sein*

Konjunktiv Perfekt

factus/-a/-um sim	*ich sei ge-(macht) worden*
factus/-a/-um sīs	*du seist ge-(macht) worden*
factus/-a/-um sit	*er/sie/es sei ge-(macht) worden, es sei geschehen*
factī/-ae/-a sīmus	*wir seien ge-(macht) worden*
factī/-ae/-a sītis	*ihr seiet ge-(macht) worden*
factī/-ae/-a sint	*sie seien ge-(macht) worden*

Konjunktiv Plusquamperfekt

factus/-a/-um essem	*ich wäre ge-(macht) worden*
factus/-a/-um essēs	*du wärest ge-(macht) worden*
factus/-a/-um esset	*er/sie/es wäre ge-(macht) worden, es wäre geschehen*
factī/-ae/-a essēmus	*wir wären ge-(macht) worden*
factī/-ae/-a essētis	*ihr wäret ge-(macht) worden*
factī/-ae/-a essent	*sie wären ge-(macht) worden*

Nominalformen des Partizipialstamms

Infinitiv Perfekt

factum/-am/-um esse – *ge-(macht) worden sein*

Partizip Perfekt

factus/-a/-um – *gemacht; einer/eine/eines, der/die/das ge-(macht) worden ist*

Personalformen des Perfektstamms

Indikativ Perfekt

meminī	*ich erinnere mich*
meministī	*du erinnerst dich*
meminit	*er/sie/es erinnert sich*
meminimus	*wir erinnern uns*
meministis	*ihr erinnert euch*
meminērunt	*sie erinnern sich*

Indikativ Plusquamperfekt

memineram	*ich erinnerte mich*
memínerās	*du erinnertest dich*
meminerat	*er/sie/es erinnerte sich*
meminerāmus	*wir erinnerten uns*
meminerātis	*ihr erinnertet euch*
meminerant	*sie erinnerten sich*

Futur II

meminerō	*ich werde mich erinnern*
memineris	*du wirst dich erinnern*
meminerit	*er/sie/es wird sich erinnern*
meminerimus	*wir werden uns erinnern*
memineritis	*ihr werdet euch erinnern*
meminerint	*sie werden sich erinnern*

Konjunktiv Perfekt

meminerim	*ich möge mich erinnern*
memineris	*du mögest dich erinnern*
meminerit	*er/sie/es möge sich erinnern*
meminerimus	*wir mögen uns erinnern*
memineritis	*ihr möget euch erinnern*
meminerint	*sie mögen sich erinnern*

Konjunktiv Plusquamperfekt

meminissem	*ich würde mich erinnern*
meminissēs	*du würdest dich erinnern*
meminisset	*er/sie/es würde sich erinnern*
meminissēmus	*wir würden uns erinnern*
meminissētis	*ihr würdet euch erinnern*
meminissent	*sie würden sich erinnern*

Imperativ I

–

Imperativ II

mem**e**ntō	*erinnere dich!*
mem**e**ntōte	*erinnert euch!*

Nominalformen des Perfektstamms

Infinitiv Perfekt

meminisse – *sich erinnern*

Personalformen des Perfektstamms

Indikativ Perfekt

ōdī	*ich hasse*
ōdistī	*du hasst*
ōdit	*er/sie/es hasst*
ōdimus	*wir hassen*
ōdistis	*ihr hasst*
ōdērunt	*sie hassen*

Indikativ Plusquamperfekt

ōderam	*ich hasste*
ōderās	*du hasstest*
ōderat	*er/sie/es hasste*
ōderāmus	*wir hassten*
ōderātis	*ihr hasstet*
ōderant	*sie hassten*

Futur II

ōderō	*ich werde hassen*
ōderis	*du wirst hassen*
ōderit	*er/sie/es wird hassen*
ōderimus	*wir werden hassen*
ōderitis	*ihr werdet hassen*
ōderint	*sie werden hassen*

Konjunktiv Perfekt

ōderim	*ich möge hassen*
ōderis	*du mögest hassen*
ōderit	*er/sie/es möge hassen*
ōderimus	*wir mögen hassen*
ōderitis	*ihr möget hassen*
ōderint	*sie mögen hassen*

Konjunktiv Plusquamperfekt

ōdissem	*ich würde hassen*
ōdissēs	*du würdest hassen*
ōdisset	*er/sie/es würde hassen*
ōdissēmus	*wir würden hassen*
ōdissētis	*ihr würdet hassen*
ōdissent	*sie würden hassen*

Nominalformen des Perfekt- und Partizipialstamms

Infinitiv Perfekt

ōdisse - *hassen*

Partizip Futur

ōsūrus/-a/-um - *einer/eine/eines, der/die/das hassen wird*

Verba defectiva

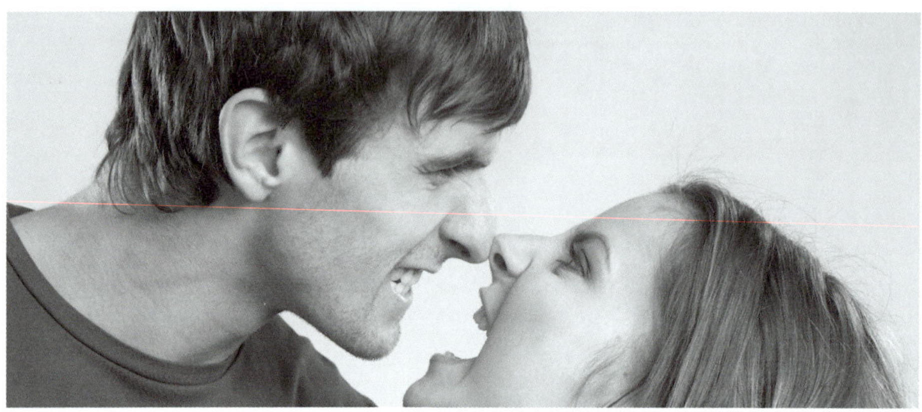

Beispiele

Ōdī et amō.
Ich hasse und liebe (zugleich).

Caesar semper pūgnae illīus meminerit.
Caesar wird sich immer an jene Schlacht erinnern.

Einige wenige Verben sind nur im Perfektstamm gebräuchlich, sie werden Verba defectiva genannt. Das Besondere an diesen Verben ist, dass sie präsentische Bedeutung haben: Perfekt wird also mit Präsens übersetzt, entsprechend Plusquamperfekt mit Imperfekt und Futur II mit Futur I.

Besonderheiten

Neben **meminisse** und **ōdisse** gibt es noch folgende defektive Verben:

1. Nur im Perfekt gebräuchlich (als Perfekt zu **incipere**), aber mit Perfektbedeutung ist **coepisse** - *angefangen haben.*

   Ōrātor dīcere coepit.
   Der Redner begann zu sprechen.

2. Von den folgenden Verben werden nur einzelne Formen verwendet:

   - āiō - *ich sage,* weitere Formen im Präsens Indikativ: āis - *du sagst*, āit - *er/sie/es sagt(e)* (auch als Indikativ Perfekt), āiunt - *sie sagen,* im Imperfekt (alle Formen im Indikativ): āiēbam - *ich sagte*, āiēbās - *du sagtest* usw.
   - inquit - *sagt(e) er/sie/es* (als Einschub in der direkten Rede), weitere Formen im Präsens Indikativ: inquam - *sage ich*, inquis - *sagst du*, inquiunt - *sagen sie*, im Futur I: inquiēs - *wirst du sagen*, inquiet - *wird er/sie/es sagen*
   - avē(te)!/salvē(te)! - *sei(d) gegrüßt!*

Übungen zu den wichtigsten Verben

1 Ordnen Sie die folgenden Infinitive der richtigen **Konjugationsklasse** zu. Bilden Sie jeweils die 1. Person Singular Indikativ Präsens Aktiv.

vidēre interrogāre currere aperīre dare rīdēre rapere dormīre
gaudēre dīcere capere sentīre fugere nāvigāre dūcere

a-Konjugation	e-Konjugation	i-Konjugation

konsonantische Konjugation	gemischte Konjugation

2 Bilden Sie von den folgenden Verben die jeweils angegebene Person im Indikativ **Präsens** Aktiv.

a. clamāre (1. Pers. Sg.) ______

b. sentīre (2. Pers. Sg.) ______

c. vocāre (3. Pers. Pl.) ______

d. gaudēre (2. Pers. Sg.) ______

e. vidēre (1. Pers. Pl.) ______

f. aperīre (3. Pers. Pl.) ______

g. respondēre (2. Pers. Pl.) ______

h. interrogāre (3. Pers. Sg.) ______

3 Kreuzen Sie die **Imperative** an.

- ☐ amāte
- ☐ dīc
- ☐ dūcis
- ☐ venī
- ☐ venītis
- ☐ clamā
- ☐ fac
- ☐ exercēs
- ☐ dīcitis
- ☐ currit
- ☐ studē
- ☐ labōrā

4 Bilden Sie aus den folgenden Verben **Imperfekt**formen, die den angegebenen deutschen Übersetzungen entsprechen.

aperīre adiuvāre respondēre dūcere iacere apportāre

a. *wir halfen* ____________________

b. *sie öffneten* ____________________

c. *sie führte* ____________________

d. *ich warf* ____________________

e. *ihr brachtet herbei* ____________________

d. *du antwortetest* ____________________

5 Setzen Sie die folgenden Präsensformen ins **Imperfekt**.

a. rīdeō ____________________

b. legis ____________________

c. ōrātis ____________________

d. cadit ____________________

e. rapimus ____________________

f. dormiunt ____________________

g. labōrās ____________________

h. lūdō ____________________

6 Um welche Art des **Perfektstamms** handelt es sich? Ordnen Sie die Formen zu.

studuistis pūgnāvērunt respondit fūgimus dīxērunt aperuistī
cucurrimus reprehendī cēpistī dedī mīsistis vīdī
audīvit docuī rīsit parāvērunt tetigērunt dēfendistis

v-Perfekt	u-Perfekt	s-Perfekt
Reduplikationsperfekt	**Dehnungsperfekt**	**Stammperfekt**

7 Bestimmen Sie die Perfektformen aus Übung 6 und nennen Sie den **Infinitiv Präsens Aktiv**.

8 Ergänzen Sie die fehlenden Endungungen des Indikativ **Plusquamperfekt** Aktiv.

	Singular	**Plural**
1. Pers.	amāveram ______	vēn ______
2. Pers.	iēc ______	fēc ______
3. Pers.	frēg ______	reddid ______

9 Vervollständigen Sie die **Futur-I-**Formen.

a-Konj.	**e-Konj.**	**i-Konj.**	**kons. Konj.**	**gem. Konj.**
clamābō	monēbō	audi______	regam	capi______
clamā______	monēbis	audi______	reg______	capiēs
clamābit	monē______	audi______	reg______	capiet
clamā______	monēbimus	audiēmus	reg______	capi______
clamābitis	monē______	audiētis	reg______	capi______
clamā______	monēbunt	audi______	regent	capi______

10 Alles Futur? Kreuzen Sie die **Futur-I-** und **Futur-II-**Formen an und ordnen Sie sie zu.

☐ fēceris ☐ dīcēmus ☐ dūcis

☐ veniam ☐ dormīēbam ☐ clamāvit

☐ amat ☐ exercēbō ☐ dīxerō

☐ currit ☐ studuerimus ☐ legent

☐ cesserit ☐ currēs ☐ agunt

Futur I: ______________________________

Futur II: ______________________________

11 Ergänzen Sie die Endungen der in Klammern angegebenen Formen im **Präsens Passiv**.

a. apport________________ (1. Pers. Sg.)

b. geri________________ (1. Pers. Pl.)

c. rapi________________ (3. Pers. Pl.)

d. mutā________________ (2. Pers. Sg.)

e. contemni________________ (2. Pers. Pl.)

f. delē________________ (3. Pers. Sg.)

g. vidē________________ (2. Pers. Sg.)

h. amā________________ (2. Pers. Pl.)

i. audi________________ (1. Pers. Sg.)

j. quaer________________ (3. Pers. Pl.)

12 Wandeln Sie die passiven Präsensformen aus Übung 11 ins **Imperfekt** um.

a. ____________________

b. ____________________

c. ____________________

d. ____________________

e. ____________________

f. ____________________

g. ____________________

h. ____________________

i. ____________________

j. ____________________

13 Setzen Sie die folgenden Sätze ins **Passiv**. Übersetzen Sie.

a. Marcus epistulam scrībit.

---

b. Cicerō ōrātiōnem in Catilīnam habet.

---

c. Avus līberīs semper fābulās narrābat.

---

d. Rōmānī Gallōs vincent.

---

14 Verbinden Sie die Elemente zu sinnvollen Sätzen und übersetzen Sie diese.
Um welches Tempus handelt es sich: **Perfekt**, **Plusquamperfekt** oder **Futur II Passiv**?

Mīlitēs	violātae erant.
Lēgēs ā cīvibus	captum est.
Tempora	monitī eritis.
Helena ā Paride	mūtāta sunt.
Ā magistrō	interfectī sunt.
Oppidum	rapta erat.

15 Kreuzen Sie alle **Konjunktivformen** an und bestimmen Sie sie.

☐ dubitābam	☐ habeat	☐ clamēmus	☐ terrēmus
☐ certant	☐ committerētis	☐ veniēs	☐ dīcerēs
☐ aperiantur	☐ pōnit	☐ habērem	☐ invideāmur

____

____

16 Setzen Sie die angegebene **Konjunktivform** ein und übersetzen Sie die Sätze.

a. Hoc eīs nōn ____________. (1. Pers. Sg. Konj. Plusq. Akt. von **narrāre**)

____

b. Nihil ____________! (2. Pers. Sg. Konj. Perf. Akt. von **scrībere**)

____

c. Amīcum ____________! (1. Pers. Pl. Konj. Präs. Akt. von **exspectāre**)

____

d. Sine tē nōn ____________. (1. Pers. Sg. Konj. Imperf. Akt. von **valēre**)

____

e. Omnia ____________! (3. Pers. Pl. Konj. Präs. Akt. von **dīcere**)

____

f. Nē ad lūdōs ____________! (2. Pers. Pl. Konj. Perf. Akt. von **venīre**)

____

17 Ordnen Sie die folgenden Formen der **leicht verwechselbaren Verben** dem richtigen Infinitiv zu.

a. vincis vincīs vīxerat vīctūrum esse victūrum esse vīnxerat vīnctī sunt victī sunt vīxistī

vincere	vincīre	vīvere

b. haeret hausit hauriet haesit hausta est haesa est

haurīre	haerēre

18 **Esse**, **prodesse** und **posse**: Bilden Sie die jeweils entsprechende Form des angegebenen Verbs.

a. sunt ______________ (posse)

b. sumus ______________ (prōdesse)

c. est ______________ (posse)

d. prōderit ______________ (esse)

e. sum ______________ (prōdesse)

f. potuerat ______________ (esse)

g. possem ______________ (prōdesse)

h. prōsit ______________ (posse)

i. fuerim ______________ (posse)

19 Ersetzen Sie die Formen von **optāre**, **nōn optāre** bzw. **magis optāre** durch die entsprechenden von **velle**, **nōlle** bzw. **mālle**.

a. optābis ______

b. magis optātis ______

c. nōn optābant ______

d. nōn optāmus ______

e. optāvistis ______

f. magis optāveram ______

g. magis optābit ______

h. nōn optat ______

i. magis optās ______

20 Verneinen Sie die folgenden Imperative mit **nōlī** bzw. **nōlīte**. Übersetzen Sie.

a. Dīc!

______

b. Vīnum apportāte, servae!

______

c. Tacēte, līberī!

______

d. Officia neglege, Marce!

______

e. Rōmam venīte!

______

21 a. Nehmen Sie die jeweils angegebenen Veränderungen bei **fierī** vor.

fīō → ______ (3. Pers.) → ______ (Pl.)

→ ______ (Konj.) → ______ (Imperf.)

→ ______ (2. Pers.) → ______ (Ind.)

→ ______ (Fut. I) → ______ (1. Pers.)

→ ______ (Sg.) → ______ (Perf.)

→ ______ (2. Pers.) → ______ (Plusquamperf.)

→ ______ (Konj.) → ______ (Pl.)

→ ______ (Perf.)

b. Bilden Sie nun die entsprechenden Formen von **ferre** im Aktiv und Passiv.

22 Tragen Sie die Formen von **īre** in der richtigen Spalte ein. Nennen Sie auch den jeweiligen Modus. Welche Form ist doppeldeutig?

ībam īstis eunt ierāmus ībis eō ībant iērunt eam
ierās īs ībimus ībātis iit ierit ierant ībunt īrēmus
ierim īssem ierō eant īssētis

Präsens	Imperfekt	Futur I
Perfekt	**Plusquamperfekt**	**Futur II**

23 Übersetzen Sie die folgenden Sätze. Achten Sie dabei auf das richtige Tempus der **Verba defectiva**.

a. Hannibal ōdit Rōmanōs ōdiōque est eīs.

b. Seneca epistulās scrībere cōnsuēverat.

c. Mīlitēs bellī periculōrumque meminerant.

d. Contumēliās patī magis ōderō malīs omnibus aliīs.

24 Stehen die **Verben mit Akkusativ** oder **Dativ**? Streichen Sie die falsche Form und übersetzen Sie.

a. Cōnsulēs **cīvēs/cīvibus** prōvident.

---

b. Mīlitēs etiam **pericula/periculīs** mortis nōn timent.

---

c. Rōmānī deōs immortālēs **hominēs/hominibus** cōnsulere putavērunt.

---

d. Aenēās, quī **rēs futūrās/rēbus futūrīs** prōvidēre cuperet, **ōraculum/ōraculō cōnsuluit**.

---

25 Verbinden Sie die lateinischen Wendungen mit **afficere** mit der passenden deutschen Bedeutung.

a. aliquem laudibus afficere	1. *jemanden verwunden*
b. aliquem poenā afficere	2. *jemanden töten*
c. aliquem morte afficere	3. *krank werden*
d. aliquem vulnere afficere	4. *jemanden bestrafen*
e. morbō afficī	5. *in eine schwierige Lage geraten*
f. difficultāte afficī	6. *jemanden loben*

Abschlusstest

1 Setzen Sie die angegebenen Verben im Indikativ **Präsens** ein. Achten Sie auf Aktiv und Passiv! Übersetzen Sie anschließend die Sätze.

a. Marcus pilā in hortō ______________________ (lūdere).

____

b. Rōmānī saepe thermās ______________________ (petere).

____

c. Senātōrēs in cūriam ______________________ (properāre).

____

d. Hōdie Aeneidem, opus Vergiliī poetae, ______________________ (nōs/legere).

____

e. Magister sevērus ______________________ (esse) vōsque ab eō semper ______________________ (reprehendere).

____

2 Welche Formen sind **Imperfekt**? Setzen Sie die richtigen Verbformen ein und übersetzen Sie die Texte.

a. Cicerō saepe in forō ōrātiōnēs ______________________.

☐ habēbat ☐ habēbit ☐ habuit

____

b. Rōmānī deōs sacrificiīs ______________________.

☐ plācuerant ☐ plācābant ☐ plācant

____

c. Mīlitēs diū cum Gallīs ______________________.

☐ pūgnābunt ☐ pūgnāverint ☐ pūgnābant

____

3 Setzen Sie die folgenden Formen ins **Perfekt**.

a. dēlētur ______________________

b. scrībunt ______________________

c. afficimur ______________________

d. datis ______________________

e. sum ______________________

f. prōdest ______________________

g. nōn vīs ______________________

h. monet ______________________

i. interficitur ______________________

j. animadvertis ______________________

k. eunt ______________________

4 Alles **Plusquamperfekt**? Kreuzen Sie die entsprechenden Formen an. Bestimmen Sie die anderen Tempusformen.

☐ vēnerat	☐ dūxit	☐ erāmus	☐ potuerātis
☐ lēgērunt	☐ aberam	☐ intrāverās	☐ vīderāmus
☐ fueram	☐ habuerat	☐ rēxerit	☐ audīvistis

____

____

____

____

5 Finden Sie alle **Futur-I-**Formen in diesem Wortgitter. Bestimmen Sie Person und Numerus.

V	E	D	X	V	I	D	E	B	O
T	R	A	C	A	B	E	R	O	N
D	U	B	I	T	A	B	I	T	I
I	N	O	L	E	G	E	M	U	S
C	T	M	O	N	E	B	U	N	T
A	P	O	T	E	R	I	S	P	I
M	O	R	A	B	I	S	A	Q	M

waagerecht (7):

senkrecht (5):

6 Setzen Sie die folgenden Indikativformen in den **Konjunktiv**.

a. occupāmur

b. ībant

c. rapiēbat

d. apportāvit

e. dederam

f. vēnistī

Lösungen zu den Übungen

1 **a-Konj.**: interrogāre, interrogō; dare, dō; nāvigāre, nāvigō
e-Konj.: vidēre, videō; rīdēre, rīdeō; gaudēre, gaudeō
i-Konj.: aperīre, aperiō; dormīre, dormiō; sentīre, sentiō
kons. Konj.: currere, currō; dīcere, dīcō; dūcere, dūcō
gem. Konj.: rapere, rapiō; capere, capiō; fugere, fugiō

2 **a.** clamō, **b.** sentis, **c.** vocant, **d.** gaudēs, **e.** vidēmus, **f.** aperiunt, **g.** respondētis, **h.** interrogat

3 Imperative sind: amāte, dīc, venī, clamā, fac, studē, labōrā

4 **a.** adiuvābāmus, **b.** aperiēbant, **c.** dūcēbat, **d.** iaciēbam, **e.** apportābātis, **f.** respondēbās

5 **a.** rīdeō: **rīdēbam**, **b.** legis: **legēbās**, **c.** ōrātis: **ōrābātis**, **d.** cadit: **cadēbat**, **e.** rapimus: **rapiēbāmus**, **f.** dormiunt: **dormiēbant**, **g.** labōrās: **labōrābās**, **h.** lūdō: **lūdēbam**

6 **v-Perfekt**: pūgnāvērunt, audīvit, parāvērunt
u-Perfekt: studuistis, aperuistī, docuī
s-Perfekt: dīxērunt, mīsistis, rīsit
Reduplikationsperfekt: cucurrimus, dedī, tetigērunt
Dehnungsperfekt: fūgimus, cēpistī, vīdī
Stammperfekt: respondit, reprehendī, dēfendistis

7 studuistis: 2. Pers. Pl. Ind. Perf. Akt., studēre;
pūgnāvērunt: 3. Pers. Pl. Ind. Perf. Akt., pūgnāre;
respondit: 3. Pers. Sg. Ind. Perf. Akt., respondēre;
fūgimus: 1. Pers. Pl. Ind. Perf. Akt., fugere;
dīxērunt: 3. Pers. Pl. Ind. Perf. Akt., dīcere;
aperuistī: 2. Pers. Sg. Ind. Perf. Akt., aperīre;
cucurrimus: 1. Pers. Pl. Ind. Perf. Akt., currere;
reprehendī: 1. Pers. Sg. Ind. Perf. Akt., reprehendere;
cēpistī: 2. Pers. Sg. Ind. Perf. Akt., capere;
dedī: 1. Pers. Sg. Ind. Perf. Akt., dare;
mīsistis: 2. Pers. Pl. Ind. Perf. Akt., mittere;
vīdī: 1. Pers. Sg. Ind. Perf. Akt., vidēre;
audīvit: 3. Pers. Sg. Ind. Perf. Akt., audīre;
docuī: 1. Pers. Sg. Ind. Perf. Akt., docēre;
rīsit: 3. Pers. Sg. Ind. Perf. Akt., rīdēre;
parāvērunt: 3. Pers. Pl. Ind. Perf. Akt., parāre;
tetigērunt: 3. Pers. Pl. Ind. Perf. Akt., tangere;
dēfendistis: 2. Pers. Pl. Ind. Perf. Akt., dēfendere

8 amāveram, iēc**erās**, frēg**erat**, vēn**erāmus**, fēc**erātis**, reddid**erant**

9 **a-Konj.**: clamābō, clamā**bis**, clamābit, clamā**bimus**, clamābitis, clamā**bunt**

e-Konj.: monēbō, monēbis, monē**bit**, monēbimus, monē**bitis**, monēbunt
i-Konj.: audi**am**, audi**ēs**, audi**et**, audiēmus, audiētis, audi**ent**
kons. Konj.: regam, reg**ēs**, reg**et**, reg**ēmus**, reg**ētis**, regent
gem. Konj.: capi**am**, capiēs, capiet, capi**ēmus**, capi**ētis**, capi**ent**

10 **Futur I**: dīcēmus, veniam, exercēbō, legent, currēs
Futur II: fēceris, dīxerō, studuerimus, cesserit

11 **a.** apport**or**, **b.** geri**mur**, **c.** rapi**untur**, **d.** mutā**ris**, **e.** contemni**minī**, **f.** delē**tur**, **g.** vidē**ris**, **h.** amā**minī**, **i.** audi**or**, **j.** quaer**untur**

12 **a.** apport**ābar**, **b.** ger**ēbā**mur, **c.** rapi**ēba**ntur, **d.** mutā**bā**ris, **e.** contemn**ēbā**minī, **f.** delē**bā**tur, **g.** vidē**bā**ris, **h.** amā**bā**minī, **i.** audi**ēbar**, **j.** quaer**ēba**ntur

13 **a.** Epistula ā Marcō scrībitur. - *Der Brief wird von Markus geschrieben.*
b. Ōrātiō in Catilīnam ā Cicerōne habētur. - *Die Rede gegen Catilina wird von Cicero gehalten.*
c. Fābulae līberīs semper ab avō narrābantur. - *Den Kindern wurden vom Großvater immer Geschichten erzählt.*
d. Gallī ā Rōmānīs vincentur. - *Die Gallier werden von den Römern besiegt werden.*

14 **a.** Mīlitēs interfectī sunt. - *Die Soldaten sind getötet worden/wurden getötet.* (Perf.)
b. Lēgēs ā cīvibus violātae erant. - *Die Gesetze waren von den Bürgern verletzt worden.* (Plusquamperf.)
c. Tempora mūtāta sunt. - *Die Zeiten haben sich geändert.* (Perf.)
d. Helena ā Paride rapta erat. - *Helena war von Paris geraubt worden.* (Plusquamperf.)
e. Ā magistrō monitī eritis. - *Ihr werdet vom Lehrer ermahnt worden sein.* (Futur II)
f. Oppidum captum est. - *Die Stadt ist eingenommen worden/wurde eingenommen.* (Perfekt)

15 habeat: 3. Pers. Sg. Konj. Präs. Akt.; clamēmus: 1. Pers. Pl. Konj. Präs. Akt.; committerētis: 2. Pers. Pl. Konj. Imperf. Akt.; dīcerēs: 2. Pers. Sg. Konj. Imperf. Akt.; aperiantur: 3. Pers. Pl. Konj. Präs. Pass.; habērem: 1. Pers. Sg. Konj. Imperf. Akt.; invideāmur: 1. Pers. Pl. Konj. Präs. Pass.

16 **a.** Hoc eīs nōn **narrāvissem**. - *Das hätte ich ihnen nicht erzählt.*
b. Nihil **scrīpseris**! - *Schreibe nichts!*
c. Amīcum **exspectēmus**! - *Lasst uns auf den Freund warten!*
d. Sine tē nōn **valērem**. - *Ohne dich ginge es mir nicht gut.*
e. Omnia **dīcant**! - *Sie sollen alles sagen!*
f. Nē ad lūdōs **vēneritis**! - *Kommt nicht zu den Spielen!*

17 **a. vincere**: vincis, victūrum esse, victī sunt
vincīre: vincīs, vīnxerat, vīnctī sunt
vīvere: vīxerat, vīctūrum esse, vīxistī
b. haurīre: hausit, hauriet, hausta est
haerēre: haeret, haesit, haesa est

18 **a.** sunt: **possunt**, **b.** sumus: **prōsumus**, **c.** est: **potest**, **d.** prōderit: **erit**, **e.** sum: **prōsum**, **f.** potuerat: **fuerat**, **g.** possem: **prōdessem**, **h.** prōsit: **possit**, **i.** fuerim: **potuerim**

19 **a.** optābis: **volēs**, **b.** magis optātis: **māvultis**, **c.** nōn optābant: **nōlēbant**, **d.** nōn optāmus: **nōlumus**, **e.** optāvistis: **voluistis**, **f.** magis optāveram: **mālueram**, **g.** magis optābit: **mālet**, **h.** nōn optat: **nōn vult**, **i.** magis optās: **māvīs**

20 **a.** Nōlī dīcere! – *Sprich nicht!*
b. Nōlīte vīnum apportāre, servae! – *Bringt den Wein nicht herbei, Sklavinnen!*
c. Nōlīte tacēre, līberī! – *Schweigt nicht, Kinder!*
d. Nōlī officia neglegere, Marce! – *Vernachlässige deine Pflichten nicht, Markus!*
e. Nōlīte Rōmam venīre! – *Kommt nicht nach Rom!*

21 **a.** fīō → fit → fīunt → fīant → fīerent → fierētis → fīēbātis → fīētis → fīēmus → fīam → factus, -a, -um sum → factus, -a, -um es → factus, -a, -um erās → factus, -a, -um essēs → factī, -ae, -a essētis → factī, -ae, -a sītis
b. ferō → fert → ferunt → ferant → ferrent → ferrētis → ferēbātis → ferētis → ferēmus → feram → tulī → tulistī → tulerās → tulissēs → tulissētis → tuleritis
feror → fertur → feruntur → ferantur → ferrentur → ferrēminī → ferēbāminī → ferēminī → ferēmur → ferar → lātus, -a, -um sum → lātus, -a, -um es → lātus, -a, -um erās → lātus, -a, -um essēs → lātī, -ae, -a essētis → lātī, -ae, -a sītis

22 **Präsens Indikativ**: eunt, eō, īs
Konjunktiv: eam, eant
Imperfekt Indikativ: ībam, ībant, ībātis
Konjunktiv: īrēmus
Futur I: ībis, ībimus, ībunt
Perfekt Indikativ: īstis, iērunt, iit
Konjunktiv: ierit, ierim
Plusquamperfekt Indikativ: ierāmus, ierās, ierant **Konjunktiv**: īssem, īssētis
Futur II: ierit, ierō
Doppeldeutig ist **ierit** → Futur II oder Konj. Perfekt.

23 **a.** *Hannibal hasst die Römer und wird von ihnen gehasst.*
b. *Seneca pflegte Briefe zu schreiben.*
c. *Die Soldaten erinnerten sich an den Krieg und die Gefahren.*
d. *Beleidigt zu werden werde ich mehr als alle anderen Übel hassen.*

24 **a.** Cōnsulēs **cīvibus** prōvident. – *Die Konsuln sorgen für die Bürger (vor).*
b. Mīlitēs etiam **pericula** mortis nōn timent. – *Die Soldaten fürchten nicht einmal Todesgefahren.*
c. Rōmānī deōs immortālēs **hominibus** cōnsulere putavērunt. – *Die Römer glaubten, dass die unsterblichen Götter für die Menschen sorgten.*
d. Aenēās, quī **rēs futūrās** prōvidēre cuperet, **ōraculum** cōnsuluit. – *Aeneas befragte ein Orakel, da er die Zukunft voraussehen wollte.*

25 **a.** 6, **b.** 4, **c.** 2, **d.** 1, **e.** 3, **f.** 5

Lösungen zum Abschlusstest

1 **a.** Marcus pilā in hortō **lūdit**. - *Markus spielt mit dem Ball im Garten.*
b. Rōmānī saepe thermās **petunt**. - *Die Römer gehen oft in die Thermen.*
c. Senātōrēs in cūriam **properant**. - *Die Senatoren eilen in die Kurie.*
d. Hōdie Aeneidem, opus Vergiliī poetae, **legimus**. - *Heute lesen wir die Aeneis, ein Werk des Dichters Vergil.*
e. Magister sevērus **est** vōsque ab eō semper **reprehendiminī**. - *Der Lehrer ist streng, und ihr werdet immer von ihm getadelt.*

2 **a.** Cicerō saepe in forō ōrātiōnēs **habēbat**. *(- Cicero hielt oft auf dem Forum Reden).*
b. Rōmānī deōs sacrificiīs **plācābant**. *(- Die Römer besänftigten die Götter durch Opfer.)*
c. Mīlitēs diū cum Gallīs **pūgnābant**. *(- Die Soldaten kämpften lange mit den Galliern.)*

3 **a.** dēlētur: **dēlētus/-a/-um est**, **b.** scrībunt: **scrīpsērunt**, **c.** afficimur: **affectī/-ae/-a sumus**, **d.** datis: **dedistis**, **e.** sum: **fuī**, **f.** prōdest: **prōfuit**, **g.** nōn vīs: **nōluistī**, **h.** monet: **monuit**, **i.** interficitur: **interfectus/-a/-um est**, **j.** animadvertis: **animadvertistī**, **k.** eunt: **iērunt**

4 Plusquamperfekt ist: vēnerat, potuerātis, intrāverās, vīderāmus, fueram, habuerat
lēgērunt: 3. Pers. Pl. Ind. Perf. Akt.; dūxit: 3. Pers. Sg. Ind. Perf. Akt.; aberam: 1. Pers. Sg. Ind. Imperf. Akt.; erāmus: 1. Pers. Pl. Ind. Imperf. Akt.; rēxerit: 3. Pers. Sg. Futur II Akt./Konj. Perf. Akt.; audīvistis: 2. Pers. Pl. Ind. Perf. Akt.

5 **waagerecht**: vidēbō (1. Pers. Sg.), aberō (1. Pers. Sg.), dubitābit (3. Pers. Sg.), legēmus (1. Pers. Pl.), monēbunt (3. Pers. Pl.), poteris (2. Pers. Sg.), ōrābis (2. Pers. Sg.)
senkrecht: dīcam (1. Pers. Sg.), erunt (3. Pers. Pl.), dabō (1. Pers. Sg.), debēbis (2. Pers. Sg.), erimus (1. Pers. Pl.)

6 **a.** occupāmur: **occupēmur**,
b. ibant: **īrent**, **c.** rapiēbat: **raperet**,
d. apportāvit: **apportāverit**,
e. dederam: **dedissem**,
f. vēnistī: **vēneris**

Grammatik

Die Konjugationen

Verben stellen neben den Nomina die zweite große Gruppe der flektierbaren Wortarten dar. Im Unterschied zu den Nomina werden sie nicht dekliniert, sondern konjugiert. Wie bei der Deklination gibt es auch bei der Konjugation verschiedene Klassen.
Nach dem Auslaut des Präsensstamms (Infinitiv Präsens ohne die Endung **-(e)re**) werden die Verben in fünf verschiedene Konjugationen eingeteilt:

Infinitiv Präsens Aktiv	Präsensstamm	Konjugation
amāre - *lieben*	am**ā-**	a-Konjugation
monēre - *ermahnen*	mon**ē-**	e-Konjugation
audīre - *hören*	aud**ī-**	i-Konjugation
regere - *leiten*	re**g-**	konsonantische Konjugation
capere - *fangen*	ca**p(i)-**	gemischte Konjugation (konsonantische Konjugation mit i-Erweiterung, kurzvokalische i-Konjugation)

Einteilung der Verbformen

Lateinische Verben können finite und infinite Formen bilden. Unter **finiten Formen** versteht man die konjugierten Verben, die verändert werden können hinsichtlich:

- **Person** (1., 2., 3. Person),
- **Numerus** (Singular, Plural),
- **Tempus** (Präsens, Imperfekt, Perfekt, Plusquamperfekt, Futur I und II),
- **Genus verbi** (Aktiv, Passiv),
- **Modus** (Indikativ, Konjunktiv, Imperativ).

Die **infiniten Verbformen** sind die Nominalformen eines Verbs, die nicht durch Personenzeichen bestimmt sind. Dazu zählen:

- die **Infinitive** (Infinitiv Präsens Aktiv und Passiv, Infinitiv Perfekt Aktiv und Passiv, Infinitiv Futur Aktiv und Passiv),
- die **Partizipien** (Partizip Präsens Aktiv, Partizip Perfekt Passiv, Partizip Futur Aktiv),
- die **Supina** (Supin I und II) und
- die **nd-Formen** (Gerundium, Gerundivum).

Die Stammformen

Im Lateinischen gibt es drei verschiedene Verbstämme, die für die Bildung aller Formen wichtig sind:

- **Präsensstamm**,
- **Perfektstamm** und
- **Supin-** oder **Partizipialstamm**.

Der **Präsensstamm** entspricht in der a-, e- und i-Konjugation dem Infinitiv Präsens Aktiv ohne die Infinitivendung **-re (laudāre → laudā-**, **monēre → monē-**, **audīre → audī-)**, in der konsonantischen dem Infinitiv Präsens Aktiv ohne die Infinitivendung **-ere (regere → reg-)**, ebenso in der gemischten Konjugation, bei der jedoch in einigen Personen der Bindevokal **-i-** hinzutritt **(capere → cap(i)-)**.

Der **Perfektstamm** wird auf unterschiedliche Weise gebildet:

Infinitiv Präsens Aktiv	Perfekt	Art der Perfektbildung
amāre	amā**v**-	v-Perfekt (viele Verben der a- und i-Konjugation)
monēre	mon**u-**	u-Perfekt (viele Verben der e-Konjugation)
scrībere	scrīp**s**-	s-Perfekt
legere	l**ē**g-	Dehnungsperfekt*
currere	**cu**curr-	Reduplikationsperfekt
defendere	defend-	Stammperfekt

*Beim Dehnungsperfekt verändert sich bei manchen Verben der Vokal zusätzlich durch einen Ablaut: capere → c**ē**p-

Der **Supin-** oder **Partizipialstamm** wird meist auf **-tum** oder **-sum** gebildet. Oft verändert sich der Laut direkt vor der Endung.

Infinitiv Präsens Aktiv	Partizipialstamm
amāre	amā**tum**
monēre	mon**itum**
scrībere	scrī**ptum**
legere	lē**ctum**
currere	cu**rsum**
defendere	def**ēnsum**

Die entsprechenden Stämme lernen Sie mit den Stammformen, von denen Sie sich alle anderen Formen ableiten können. In der Regel werden sie in der folgenden Reihenfolge angegeben:
- Infinitiv Präsens Aktiv,
- 1. Person Singular Indikativ Präsens Aktiv,
- 1. Person Indikativ Perfekt Aktiv und
- Partizip Perfekt Passiv (PPP im Neutrum Singular).

laudāre	laudō	laudāvī	laudātum	*loben*
monēre	moneō	monuī	monitum	*ermahnen*
audīre	audiō	audīvī	audītum	*hören*
regere	regō	rēxī	rēctum	*leiten*
capere	capiō	cēpī	captum	*fangen*

Vom Präsensstamm werden folgende Formen gebildet:
- Präsens (Indikativ und Konjunktiv),
- Imperfekt (Indikativ und Konjunktiv),
- Futur I,
- Imperativ I und II,
- Partizip Präsens Aktiv (PPA),
- Gerundium und Gerundivum,
- Infinitiv Präsens Aktiv und Passiv.

Vom Perfektstamm werden folgende Formen gebildet:
- Perfekt Aktiv (Indikativ und Konjunktiv),
- Plusquamperfekt Aktiv (Indikativ und Konjunktiv),
- Futur II Aktiv,
- Infinitiv Perfekt Aktiv.

Vom Partizipialstamm werden folgende Formen gebildet:
- Perfekt Passiv,
- Plusquamperfekt Passiv,
- Futur II Passiv,
- Partizip Futur Aktiv (PFA),
- Partizip Perfekt Passiv (PPP),
- Supinum I und II,
- Infinitiv Perfekt Passiv,
- Infinitiv Futur in Aktiv und Passiv.

Die Personalendungen

Zur Bezeichnung der Personen und Genera verbi treten an die Verbstämme bestimmte Personalendungen, z. B. **audi-s** - *du hörst,* **laudā-tis** - *ihr lobt.*
Für alle Tempora außer dem Indikativ Perfekt Aktiv gelten folgende Personalendungen:

Person	Aktiv	Passiv
1. Pers. Sg.	-ō/-m	-or/-r
2. Pers. Sg.	-s	-ris
3. Pers. Sg.	-t	-tur
1. Pers. Pl.	-mus	-mur
2. Pers. Pl.	-tis	-minī
3. Pers. Pl.	-nt	-ntur

Nur im Indikativ Perfekt Aktiv werden folgende Personalendungen verwendet:

Person	Aktiv
1. Pers. Sg.	-ī
2. Pers. Sg.	-istī
3. Pers. Sg.	-it
1. Pers. Pl.	-imus
2. Pers. Pl.	-istis
3. Pers. Pl.	-ērunt

Der **Imperativ**, die Befehlsform, ist einer der drei Modi des Verbs, neben dem Indikativ (Modus der Wirklichkeit) und dem Konjunktiv (Modus der Vorstellung).
Im Lateinischen unterscheidet man zwei Arten des Imperativs. Der häufiger gebrauchte Imperativ I entspricht im Singular bei den Verben der a-, e- und i-Konjugation dem Präsensstamm, im Plural wird die Personalendung **-te** angehängt. In der konsonantischen und gemischten Konjugation lauten die Endungen **-e** bzw. **-ite**.
Der Imperativ II, der für allgemeine Vorschriften und Regeln und auch in der 3. Person gebraucht wird, hat eigene Endungen. Die Imperativendungen im Überblick:

	Imperativ I	Imperativ II
2. Pers. Sg.	-/-e	-tō
3. Pers. Sg.	-	-tō
2. Pers. Pl.	-te/-ite	-tōte
3. Pers. Pl.	-	-ntō

laudā! - *lobe!*	laudā-te! - *lobt!*
vidē! - *sieh!*	vidē-te! - *seht!*
venī! - *komm!*	venī-te! - *kommt!*
reg-e! - *lenke!*	reg-i-te! - *lenkt!*
cape! - *fang!*	capi-te! - *fangt!*

servātō! - *du sollst/er/sie/es soll bewahren!*
servantō! - *sie sollen bewahren!*
audītōte! - *ihr sollt hören!*

Tempus- und Moduszeichen 

Zur Bezeichnung der verschiedenen Tempora und Modi treten an den jeweiligen Verbalstamm bestimmte Tempus- und Moduszeichen.

Das **Präsens** hat jedoch kein Tempuszeichen: Bei der Bildung des Indikativ Präsens werden die Personalendungen an den Präsensstamm angehängt, bei den Konjunktivformen wird zusätzlich das Konjunktiv-Präsens-Zeichen **-a-** eingefügt. Nur in der a-Konjugation verschmilzt im Konjunktiv Präsens Aktiv das **-a-** des Stamms mit dem **-e-** des Konjunktivs zu **-e-**.
lauda-**nt** - *sie loben*
laud**e-nt** - *sie mögen loben*
laudā-**tur** - *er/sie/es wird gelobt*
monē-**mus** - *wir ermahnen*
mone-**a-nt** - *sie mögen ermahnen*
monē-**mur** - *wir werden ermahnt*
audi-**a-t** - *er/sie/es möge hören*
audi-**ā-tur** - *er/sie/es möge gehört werden*

Der Indikativ **Imperfekt** wird in allen Konjugationen durch die Anfügung des Imperfektzeichens **-ba-** an den Präsensstamm und die Personalendung, der Konjunktiv durch die Verbindung des Infinitiv Präsens mit der Personalendung gebildet. Bei Verben der konsonantischen, gemischten und i-Konjugation wird beim Indikativ zwischen Präsensstamm und **-ba-** noch ein **-e-** eingefügt.
laudā-**ba-nt** - *sie lobten*
monē-**rē-mus** - *wir würden ermahnen*
monē-**rē-mur** - *wir würden ermahnt werden*
audi-**ē-ba-t** - *er/sie/es hörte*
audi-**ē-bā-tur** - *er/sie/es wurde gehört*
reg-**ē-bam** - *ich lenkte*
capi-**ē-bant** - *sie erfassten*

Das **Futur** hat im Unterschied zu den anderen Zeiten keine Konjunktivformen. Die Bildung ist nicht einheitlich und unterscheidet sich je nach Konjugation:
In der a- und e- Konjugation werden das Futurzeichen **-bi-** und die Personalendung an den Präsensstamm angefügt. In der 1. Person Singular verschmilzt das Futurzeichen mit der Personalendung, daraus entsteht die Endung **-bō**. In der 3. Person Plural lautet das Futurzeichen **-bu-**.
In der i-Konjugation, der konsonantischen und gemischten Konjugation ist das Futurzeichen **-e-** (1. Person Singular: **-a-**).
laudā-**bō** - *ich werde loben*
monē-**bi-mur** - *wir werden ermahnt werden*
audi-**e-nt** - *sie werden hören*
audi-**a-r** - *ich werde gehört werden*
capi-**ē-minī** - *ihr werdet gefasst werden*

Zur Bildung der aktiven **Perfekt**formen wird an den Perfektstamm (s. S. 145) die entsprechende Personalendung angehängt. Der Indikativ Perfekt Aktiv hat eigene Personalendungen (s. S. 147), für den Konjunktiv gelten die üblichen Personalendungen, das Moduszeichen lautet **-eri-**.
laudāv-**imus** - *wir haben gelobt*
laudāv-**eri-mus** - *wir haben/hätten gelobt*
monu-**istī** - *du hast ermahnt*
monu-**eri-s** - *du habest ermahnt*
cēp-**ērunt** - *sie haben gefasst*
cēp-**eri-nt** - *sie haben/hätten gefasst*

Das Tempuszeichen für das **Plusquamperfekt** im Indikativ Aktiv lautet **-era-**, es wird zwischen Perfektstamm und Personalendung eingefügt. Das Moduszeichen für den Konjunktiv Plusquamperfekt Aktiv ist **-isse-**.
laudāv-**era-mus** - *wir hatten gelobt*
laudāv-**issē-mus** - *wir hätten gelobt*
monu-**erā-s** - *du hattest ermahnt*
monu-**issē-s** - *du hättest ermahnt*
cēp-**era-nt** - *sie hatten gefasst*
cēp-**isse-nt** - *sie hätten gefasst*

Das Aktiv des **Futur II** wird mit dem Perfektstamm, dem Tempuszeichen **-eri-** (1. Person Singular: **-erō**) und den Personalendungen gebildet. Die Futur-II-Formen sind - mit Ausnahme der 1. Person Singular - identisch mit denen des Konjunktiv Perfekt Aktiv.
laudāv-**erō** - *ich werde gelobt haben*
monu-**eri-s** - *du wirst ermahnt haben*
cēp-**eri-nt** - *sie werden gefasst haben*

Die Personalformen im Perfektstamm

Die **Passiv**formen von Perfekt, Plusquamperfekt und Futur II, die vom Partizipialstamm gebildet werden, bestehen immer aus dem Partizip Perfekt Passiv (PPP) und einer Form von **esse** - *sein*.
Perfekt: PPP + Präsens von **esse**
laudātus/-a/-um sum - *ich bin gelobt worden*
monitī/-ae/-a sint - *sie seien ermahnt worden*

Plusquamperfekt: PPP + Imperfekt von **esse**
captus/-a/-um eram - *ich war gefasst worden*
rēctī/-ae/-a essēmus - *wir wären gelenkt worden*

Futur II: PPP + Futur I von **esse**
laudātus/-a/-um erō - *ich werde gelobt worden sein*
monitī/-ae/-a erunt - *sie werden ermahnt worden sein*

Die Formen des Infinitivs

Die Endung des Infinitiv **Präsens** Aktiv lautet in der a-, e- und i-Konjugation **-re**, in der konsonantischen und gemischten Konjugation wird zusätzlich der Bindevokal **-e-** eingefügt. Im Präsens Passiv lautet die Infinitivendung **-rī** bzw. **-ī**.

	Aktiv	Passiv
a-Konjugation	amā-re	amā-rī
e-Konjugation	monē-re	monē-rī
i-Konjugation	audī-re	audī-rī
konsonantische Konjugation	reg-e-re	reg-ī
gemischte Konjugation	cap-e-re	cap-ī

An den Perfektstamm wird - unabhängig von der Konjugationsklasse - für den Infinitiv **Perfekt** Aktiv die Endung **-isse** angefügt. Im Passiv besteht der Infinitiv Perfekt aus dem Partizip Perfekt Passiv (PPP) und **esse**.

Aktiv	Passiv
amāv-isse	amātum/-am/-um esse
monu-isse	monitum/-am/-um esse
audīv-isse	audītum/-am/-um esse
rēx-isse	rēctum/-am/-um esse
cēp-isse	captum/-am/-um esse

Der Infinitiv **Futur** Aktiv bildet sich aus dem Partizip Futur Aktiv und **esse**, im Passiv aus dem Supin I (s. S. 144f., 152) und **īrī**. Das Supin I endet auf **-um** und ist unveränderlich.

Aktiv	Passiv
amātūrum/-am/-um esse	amātum īrī
monitūrum/-am/-um esse	monitum īrī
audītūrum/-am/-um esse	audītum īrī
rēctūrum/-am/-um esse	rēctum īrī
captūrum/-am/-um esse	captum īrī

Die Partizipien 

Das Partizip **Präsens** Aktiv (PPA) wird vom Präsensstamm, dem Suffix **-nt-** und den Endungen der 3. Deklination gebildet, im Nominativ Singular mit dem Suffix **-ns**. In der i-, der konsonantischen und gemischten Konjugation wird der Bindevokal **-e-** eingeschoben.

a-Konjugation	amā-ns, ama-nt-is
e-Konjugation	monē-ns, mone-nt-is
i-Konjugation	audi-ē-ns, audi-e-nt-is
konsonantische Konjugation	reg-ē-ns, reg-e-nt-is
gemischte Konjugation	capi-ē-ns, capi-e-nt-is

Das Partizip **Perfekt** Passiv (PPP) wird vom Partizipialstamm und den Endungen **-us**/**-a**/**-um** (a-/o-Deklination) gebildet.
Das Partizip **Futur** Aktiv (PFA) wird ebenfalls vom Partizipialstamm gebildet, die Endung lautet **-ūrus**/**-ūra**/**-ūrum**.

PPP	PFA
amātus/-a/-um	amātūrus/-a/-um
monitus/-a/-um	monitūrus/-a/-um
audītus/-a/-um	audītūrus/-a/-um
rēctus/-a/-um	rēctūrus/-a/-um
captus/-a/-um	captūrus/-a/-um

Das Participium coniunctum

Die nd-Formen

Das **Gerundivum** wird mit dem Präsensstamm, dem Suffix **-nd-** und den Endungen der a-/o-Deklination gebildet, das **Gerundium** ebenfalls mit **-nd-**, aber mit den Endungen der o-Deklination im Neutrum Singular. Da das Gerund den substantivierten Infinitiv in allen Kasus im Singular vertritt, gibt es dies nur im Singular, jedoch nicht im Nominativ.

	Gerundiv	Gerund
a-Konjugation	ama-nd-us/-a/-um	ama-nd-ī *usw.*
e-Konjugation	mone-nd-us/-a/-um	mone-nd-ī *usw.*
i-Konjugation	audi-e-ndus/-a/-um	audi-e-nd-ī *usw.*
konsonantische Konjugation	reg-e-nd-us/-a/-um	reg-e-nd-ī *usw.*
gemischte Konjugation	capi-e-nd-us/-a/-um	capi-e-nd-ī *usw.*

Die Supina

Das sehr selten verwendete Supinum ist ein Verbalsubstantiv, das vom Partizipialstamm (Supinstamm) abgeleitet ist. Das Supin I sieht aus wie das PPP, ist aber ein alter Akkusativ der Richtung und bezeichnet, nach Verben der Bewegung, einen Zweck.
salutātum īre - *zur Begrüßung gehen (gehen, um zu begrüßen)*

Das Supin I dient auch zur Bildung des Infinitiv Futur Passiv (s. S. 151).

Das Supin II endet auf **-ū**:
facile dictū - *leicht zu sagen*
difficile intellectū - *schwer zu verstehen*

Deponentien und Semideponentien

Verben, die passive Formen, aber aktive Bedeutung haben, werden **Deponentien** genannt. Deponentien gibt es in allen Konjugationen:
hortārī, hortor, hortātus sum - *ermahnen*
verērī, vereor, veritus sum - *(sich) scheuen, fürchten; verehren*
potīrī, potior, potītus sum - *sich bemächtigen*
ūtī, ūtor, ūsus sum - *gebrauchen*
patī, patior, passus sum - *leiden*

Unter **Semideponentien** versteht man Verben, die nur im Präsens- oder im Perfektstamm als Deponentien auftreten. Die passiven Formen haben wie bei den Deponentien aktive Bedeutung.
audēre, audeō, **ausus sum** - *wagen*
(cōn)fīdere, (cōn)fīdō, **(cōn)fīsus sum** - *(ver)trauen*
gaudēre, gaudeō, **gāvīsus sum** - *sich freuen*
solēre, soleō, **solitus sum** - *pflegen, gewohnt sein*
revertī, revertor, revertī - *zurückkehren*

Verba defectiva

Einige wenige Verben sind nur im Perfektstamm gebräuchlich, sie werden **Verba defectiva** genannt. Die Besonderheit ist, dass das Perfekt dem Präsens (auch präsentisches Perfekt genannt) entspricht bzw. analog das Plusquamperfekt und Futur II dem Imperfekt bzw. Futur I.

ōdisse - *hassen*
ōdī - *ich hasse*
ōderam - *ich hasste*
ōderō - *ich werde hassen*

meminisse - *sich erinnern, denken an*
meminī - *ich erinnere mich*
memineram - *ich erinnerte mich*
meminerō - *ich werde mich erinnern*

Cur tē ōdērunt?
Warum hassen sie dich?

Semper pūgnae illīus meminerit.
Er wird sich immer an diese Schlacht erinnern.

Auch das Perfekt von **nōscere** - *kennen lernen* und **cōnsuēscere** - *sich gewöhnen* kann präsentische Bedeutung haben:
nōvī - *ich kenne, ich weiß* cōnsuēvī - *ich bin gewohnt, ich pflege (zu)*

Nur im Perfekt gebräuchlich, aber mit Perfektbedeutung ist **coepisse** - *angefangen haben.* Aufgrund seiner Bedeutung ist es unter den Stammformen von **incipere** - *anfangen* aufgelistet.

Die folgenden Verben werden nur in einzelnen Formen verwendet:
- āiō - *ich sage*, weitere Formen im Indikativ Präsens: āis - *du sagst*, āit - *er/sie/es sagt(e)* (auch als Indikativ Perfekt), āiunt - *sie sagen,* im Imperfekt (alle Formen im Indikativ): āiēbam - *ich sagte*, āiēbās - *du sagtest* usw.
- inquit - *sagt(e) er/sie/es* (als Einschub in der direkten Rede), weitere Formen im Indikativ Präsens: inquam - *sage ich*, inquis - *sagst du*, inquiunt - *sagen sie*, im Futur I: inquiēs - *wirst du sagen*, inquiet - *wird er/sie/es sagen*
- avē(te)!/salvē(te)! - *sei(d) gegrüßt!*
- quaesō - *(ich) bitte*

Kurzformen, Nebenformen und Ausnahmen

Vor **r** und **s** fallen manchmal bei Perfekt- oder Plusquamperfektformen wie amā**vērunt**, audī**vissem** **-ve-** bzw. **-vi-** aus: → amā**runt**, audī**ssent**.

In der i-Konjugation, der konsonantischen und der gemischten Konjugation entfällt gelegentlich das **-v-** des v-Perfekts: audī**vērunt** → audi**ērunt**, petī**vērunt** → peti**ērunt**.

In allen Konjugationen wird zuweilen die Perfektform amāv**ērunt**, monu**ērunt**, cēp**ērunt** u. a. durch die Kurzform amāv**ēre**, monu**ēre**, cēp**ēre** ersetzt.

In der 2. Person Singular Passiv kommt statt der Endung **-ris** auch (selten) **-re** vor: abūtē**re**, amābe**re**.

Abweichend von der normalen Imperativform (wie **age**) wird bei vier Verben das **e** abgeworfen: **dīc**, **dūc**, **fac**, **fer**.

Komposita

Der größere Teil der lateinischen Verben besteht aus Komposita, d. h. zusammengesetzten Verben. Dabei tritt vor das einfache Verb (Simplex) eine Vorsilbe (Präfix) und verändert die Grundbedeutung. Dieser Vorgang ist auch im Deutschen zu beobachten.
Beispiel: pōnere *(setzen, stellen, legen)* - **dē**pōnere *(**ab**legen)* - **com**pōnere *(**zusammen**stellen)* - **ap**pōnere *(**hinzu**stellen)*.
Bei manchen Verben ist der Vorgang der **Assimilation** zu beobachten: Der Konsonant am Ende der Vorsilbe gleicht sich an den Anfangskonsonanten des Simplex an oder wird ihm ähnlich (**ad**pōnere → **ap**pōnere); manchmal wird er auch ausgestoßen (**dis**mittere → **dī**mittere).
Aus den Beispielen geht hervor, dass der Lernaufwand erheblich reduziert werden kann, wenn man die Bedeutungen der Vorsilben kennt. Über die Hälfte der Komposita braucht man nämlich nicht mehr zu lernen, weil man die Bedeutungen aus der Vorsilbe und dem Simplex erschließen kann. Im Folgenden die **wichtigsten Vorsilben** und einige durch Assimilation oder Ausfall mögliche Varianten:

ab-, ā-, abs-, as-	*ab-, weg-* (abīre - *weggehen*)
ad-, ac-, af-, ag-, ap-, ar-, at-	*an-, zu-, hin-* (advenīre - *ankommen*)
ante-	*vor-, voran-* (anteīre - *vorangehen*)
circum-	*um-, umher-* (circumīre - *umhergehen, umzingeln*)
con-, co-, col-, com-, cor-	*zusammen-* (comportāre - *zusammentragen*); auch zur Verstärkung (collaudāre - *sehr loben*)
dē-	*herab-, weg-, über-* (dēcēdere - *weggehen;* dēscrībere - *über etwas schreiben*); auch zur Verstärkung (dēvincere - *völlig besiegen*)
dis-, dī-, dif-, dir-	*weg-, auseinander-* (dīmittere - *wegschicken;* distrahere - *auseinanderziehen, zerreißen*)
ex-, ē-, ef-	*aus-, heraus-, empor-* (exigere - *heraustreiben;* ēligere - *auslesen*)
in-, ig-, il-, im-, ir-	*(hin)ein-, an-* (implēre - *ein-/anfüllen*)
inter-	*zwischen-, unter-* (intermittere - *[da]zwischenlegen, unterbrechen;* interdīcere - *untersagen*)
intrō-	*hinein-* (intrōdūcere - *hineinführen*)
ne-, neg-	*nicht* (nescīre - *nicht wissen;* neglegere - *nicht achten, vernachlässigen*)

ob-, oc-, of-, op-	*entgegen-, hin-* (occurrere - *entgegenlaufen;* offerre - *„entgegen-/hinhalten", anbieten;* ostendere - *„entgegen-/ hinhalten", zeigen*)
per-	*(hin)durch-, hin-* (perdūcēre - *(hin)durch-/hinführen);* auch zur Verstärkung (persuādēre - *„gründlich, bis zum Erfolg raten", überreden, überzeugen*)
prae-	*vor-, voraus-, voran-, vorbei-* (praedīcere - *voraussagen;* praecurrere - *„vorauseilen", zuvorkommen, „vorbeieilen", überholen*)
praeter-	*vorüber-, vorbei-* (praetervehī - *vorüberfahren;* praeterīre - *vorbeigehen, übergehen*)
prō-, prōd-	*vor-, hervor-, voraus-* (prōvidere - *vorausschauen, [für etwas] sorgen*)
re-, red-	*zurück-, wieder-, entgegen-* (rescrībere - *zurückschreiben, [schriftlich] antworten;* reficere - *wiederherstellen;* resistere - *sich entgegenstellen, sich widersetzen*)
sē-	*ent-, weg-* (sēparāre - *„auseinanderbereiten", trennen*)
sub-, suc-, sup-, sus-	*unter-, (von) unten* (supprimere - *unterdrücken*)
trāns-, trā-	*(hin)über-* (trānscendere - *übersteigen*)

Betonung der Verbformen

Da sich bei manchen Verben die Betonung von einer Silbe auf die Nachbarsilbe verschieben kann (Beispiel: perágere, péragō), sollen hier kurz die beiden wichtigsten Betonungsregeln in vereinfachter Form aufgeführt werden.

- Die **Dreisilbenregel** besagt: Ein lateinisches Wort wird - mit wenigen Ausnahmen - nicht auf der letzten, sondern auf der vorletzten Silbe betont, wenn diese **lang** ist, oder auf der drittletzten Silbe, wenn die vorletzte **kurz** ist.
- Die Regel über die **Positionslänge** besagt: Ein an sich kurzer Vokal wird als lang angesehen, wenn auf ihn zwei oder mehr Konsonanten folgen.

Diese Regeln finden für die Betonung der Verbformen folgende praktische Anwendung:
Auf der *vorletzten Silbe* werden betont

- alle *zweisilbigen* Formen ohne Rücksicht auf Längen oder Kürzen,
- alle Formen, deren *vorletzte Silbe lang* ist - in Lehrbüchern und Nachschlagewerken wie diesem im Allgemeinen durch einen Balken auf dem Vokal gekennzeichnet (vid**ē**re, laud**ā**mus, ēv**ā**sī, amāv**ē**runt),
- alle Formen, auf deren vorletzten Vokal *zwei oder mehr Konsonanten* oder ein *Doppelkonsonant* folgen (z. B. teté**nd**ī, contí**ng**unt, oppré**ss**um).

Alle übrigen Formen haben die Betonung *auf der drittletzten Silbe*: pátuī, répetis, cóntrahunt, monúerint, póterat.

Grammatische Begriffe

Aktiv
ist die Tatform des Verbs (amant - *sie lieben*; Gegenteil: Passiv). Der Überbegriff für Aktiv und Passiv lautet Genus verbi.

defektives Verb
Unter einem defektiven Verb versteht man ein Verb, das nicht alle Formen bildet (quaesō - *(ich) bitte*).

Deponens
Ein Deponens ist ein Verb, das nur passive Formen bilden kann, aber aktive Bedeutung hat (loquī - *sprechen*). Deponentien kommen in allen Konjugationsklassen vor.

Semideponens
Ein Semideponens (Halbdeponens) ist ein Verb mit Formen im Passiv und Aktiv, immer jedoch mit aktiver Bedeutung (revertī, revertor, revertī - *zurückkehren*). Es gibt nur einige wenige Semideponentien.

finite Form
(Personalform) ist eine Verbform mit Personalendung (lauda**nt** - ***sie*** *loben*).

infinite Form
(Nominalform) entspricht einer Verbform ohne Personalendung (Infinitiv: laudā**re** - *lob**en***).

Futur
ist die Zukunftsform; das Futur I entspricht der einfachen Zukunft (laudābis - *du wirst loben*), das Futur II der vollendeten Zukunft (laudāveris - *du wirst gelobt haben*).

Genus verbi
Darunter versteht man die Aktionsart des Verbs, es ist der Überbegriff für Aktiv und Passiv.

Gerundium
Das Gerundium gehört zu den nd-Formen, es ersetzt den substantivierten Infinitiv in allen Kasus außer dem Nominativ (laudandī - *des Lobens,* ad laudandum - *zum Loben, um zu loben*). Deshalb wird es auch als Verbalsubstantiv bezeichnet. Das Gerundium zählt zu den infiniten Formen des Verbs.

Gerundivum
Das Gerundivum gehört wie das Gerundium zu den nd-Formen. Es ist ein sogenanntes Verbaladjektiv (laudandus, -a, -um - *lobenswert*). Das Gerundivum zählt zu den infiniten Formen des Verbs.

Imperativ
ist die Befehlsform des Verbs. Im Lateinischen unterscheidet man den Imperativ I, der für Aufforderungen und Befehle verwendet wird (cape! - *erfasse!*), und den Imperativ II, der für allgemeine Vorschriften und Gesetze gebraucht wird (capitōte! - *ihr sollt erfassen!*). Der Imperativ ist einer der drei Modi des Verbs.

Imperfekt
Als Imperfekt wird die 1. Vergangenheit bezeichnet (laudābat - *er/sie/es lobte*).

Indikativ
Darunter versteht man die Wirklichkeitsform des Verbs. Es ist, neben Konjunktiv und Imperativ, einer der drei Modi des Verbs.

Infinitiv
Der Infinitiv ist die Grundform des Verbs (laudāre - *loben*). Es gibt im Lateinischen den Infinitiv Präsens, Futur und Perfekt jeweils im Aktiv und Passiv. Der Infinitiv zählt zu den infiniten Formen des Verbs.

intransitiv
Verben, die kein Akkusativobjekt haben, werden intransitiv genannt (currere - *laufen*, Gegenteil: transitiv).

Kompositum
Verben, die aus Präfix und Simplex zusammengesetzt sind, heißen Komposita (ad-venīre - *an-kommen* ist Kompositum zum Simplex venīre - *kommen*).

Konjugation
ist die Beugung des Verbs. Die meisten Verben können je nach Ausgang des Präsensstamms einer bestimmten Konjugation zugeordnet werden. Im Lateinischen gibt es die a-, e-, i-, konsonantische und gemischte Konjugation.

Modus
ist die Aussageweise des Verbs. Es ist der Überbegriff für Indikativ, Konjunktiv und Imperativ.

Nominalform
siehe infinite Form.

Numerus
Numerus (Zahl) ist der Überbegriff für Singular und Plural.

Partizip
Das Partizip (Mittelwort) ist ein Verbaladjektiv und zählt zu den infiniten Formen des Verbs. Es gibt Partizipien im Präsens Aktiv (PPA), Futur Aktiv (PFA) und Perfekt Passiv (PPP).

Partizipialstamm
ist die vierte Form in der Stammformenreihe, von der die passiven Formen von Perfekt, Plusquamperfekt und Futur II gebildet werden.

Passiv
ist die Leideform des Verbs. Der Überbegriff für Aktiv und Passiv lautet Genus verbi (amantur - *sie werden geliebt,* Gegenteil: Aktiv).

Perfekt
Als Perfekt wird die 2. Vergangenheit bezeichnet (laudāvī - *ich habe gelobt*).

Perfektstamm
Dies ist die dritte Form der Stammformenreihe. Von ihr werden die aktiven Formen von Perfekt, Plusquamperfekt und Futur II gebildet.

Personalendung
Endung eines konjugierten Verbs, die eine bestimmte Person bezeichnet (-s → 2. Person Singular).

Personalform
siehe finite Form.

Plural
entspricht der Mehrzahl. Der Überbegriff lautet Numerus (Gegenteil: Singular).

Plusquamperfekt
Als Plusquamperfekt wird die Vorvergangenheit (3. Vergangenheit) bezeichnet (laudāverant - *sie hatten gelobt*).

PFA
siehe Partizip.

PPA
siehe Partizip.

PPP
siehe Partizip.

Präfix
Vorsilben, die vor ein Verb oder Substantiv gestellt werden, heißen Präfixe (ad- - *zu-*, con- - *zusammen-*). Mit Präfixen kann die Grundbedeutung eines Wortes abgewandelt werden.

Präsens
ist die Gegenwartsform eines Verbs (laudant - *sie loben*).

Präsensstamm
Der Präsensstamm ist an der zweiten Stammform ersichtlich. Von ihm werden Präsens, Futur, Imperfekt in Aktiv und Passiv gebildet.

Reduplikation
Unter Reduplikation versteht man die Verdoppelung einer Silbe, etwa beim Reduplikationsperfekt, bei dem die Anfangssilbe des Verbs wiederholt wird (z. B. currere - *laufen* → cucurrī - *ich bin gelaufen*).

Simplex
Ein einfaches Verb (ohne Präfix) wird Simplex genannt (Gegenteil: Kompositum).

Singular
entspricht der Einzahl. Der Überbegriff lautet Numerus (Gegenteil: Plural).

Stamm
Der Stamm ist der unveränderliche Teil eines Wortes. Lateinische Verben können einen Präsens-, Perfekt- und Partizipialstamm haben.

Stammform
Stammformen geben die unterschiedlichen Verbstämme an: Präsens- und Perfektstamm jeweils in der 1. Person Singular sowie den Partizipial- oder Supinstamm in Form des PPP (laudāre, laudō, laudāvī, laudātum - *loben*).

Suffix
Eine Nachsilbe, die an einen Wortstamm angehängt wird, heißt Suffix.

Supinum
Die Supina sind erstarrte Formen eines alten Verbalsubstantivs (salutātum - *zur Begrüßung*).

Supinstamm
siehe Partizipialstamm.

Tempus
Die Zeitform eines Verbs wird als Tempus bezeichnet (Plural: Tempora). Im Lateinischen gibt es das Präsens, Imperfekt, Futur I, Perfekt, Plusquamperfekt und Futur II.

transitiv
nennt man ein Verb, das mit einem Akkusativobjekt steht (z. B. aliquem laudāre - *jemanden loben*, Gegenteil: intransitiv).

Verb
Der Fachbegriff für ein Tätigkeits- oder Zeitwort ist Verb.

Verba defectiva
siehe defektives Verb.

Konjugationstraining für unterwegs

amāre laudāre dare stāre

amāre laudāre dare stāre

laudō
laudāvī
laudātum

loben

amō
amāvī
amātum

lieben

stō
stetī
stātūrus (PFA)

stehen

dō
dedī
datum

geben

vetāre docēre habēre haerēre

vetāre

docēre

habēre

haerēre

vetāre docēre habēre haerēre

vetō
vetuī
vetitum

hindern, verbieten

doceō
docuī
doctum

lehren

habeō
habuī
habitum

haben, halten

haereō
haesī
haesūrus (PFA)

hängen, stecken(bleiben)

iacēre iubēre manēre movēre

iacēre

iubēre

manēre

movēre

iacēre iubēre manēre movēre

iaceō
iacuī
iacitūrus (PFA)
liegen, daliegen

iubeō
iussī
iussum
befehlen

maneō
mānsī
mānsūrus (PFA)
bleiben

moveō
mōvī
mōtum
bewegen

persuādēre respondēre rīdēre sedēre

persuādēre

respondēre

rīdēre

sedēre

persuādēre respondēre rīdēre sedēre

persuādeō
persuāsī
persuāsum

überreden, überzeugen

respondeō
respondī
respōnsum

antworten

rīdeō
rīsī
rīsum

lachen

sedeō
sēdī
sessum

sitzen

vidēre aperīre sentīre venīre

vidēre

aperīre

sentīre

venīre

vidēre aperīre sentīre venīre

aperiō
aperuī
apertum
öffnen

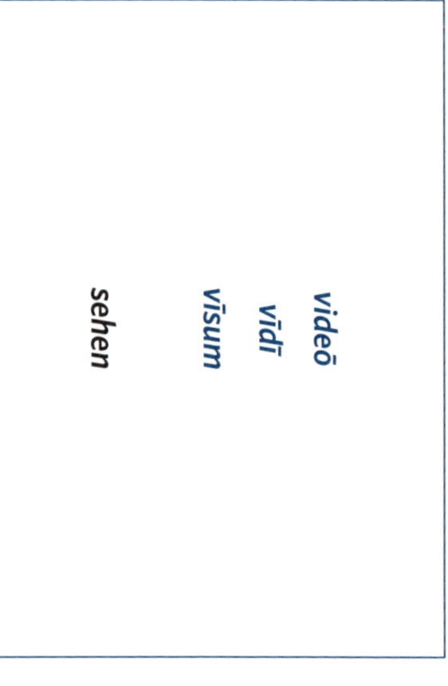

veniō
vēnī
ventum
kommen

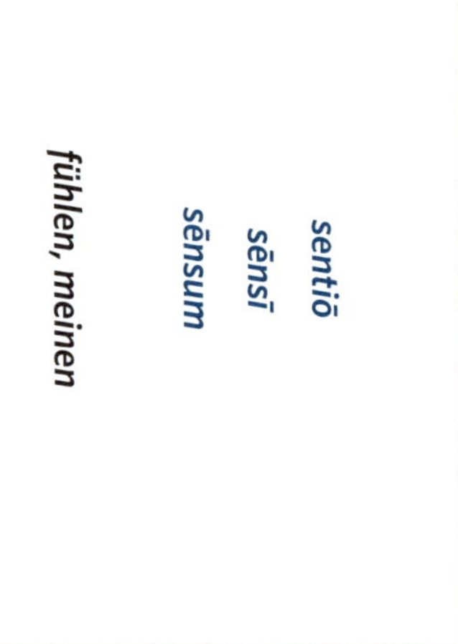

vincīre accendere agere cadere

vincīre

accendere

agere

cadere

vincīre accendere agere cadere

vinciō
vīnxī
vīnctum

fesseln

accendō
accendī
accēnsum

anzünden

agō
ēgī
āctum

treiben, (ver)handeln

cadō
cécidī
cāsūrus (PFA)

fallen

caedere cēdere cernere claudere

caedere

cēdere

cernere

claudere

caedere cēdere cernere claudere

cēdō
cessī
cessum

gehen, weichen

caedō
cecīdī
caesum

fällen, töten

claudō
clausī
clausum

schließen

cernō
crēvī
crētum

sehen, sichten

cōgere cōgnōscere condere cōnsulere

cōgere cōgnōscere condere cōnsulere

cōgō
coēgī
coāctum

(ver)sammeln, zwingen

cōgnōscō
cōgnōvī
cōgnitum

erfahren, erkennen

condō
condidī
conditum

gründen

cōnsulō
cōnsuluī
cōnsultum

um Rat fragen, sorgen für

crēdere currere dīcere discere

crēdere

currere

dīcere

discere

crēdere currere dīcere discere

crēdō
crēdidī
crēditum

glauben, (an)vertrauen

---

currō
cucurrī
cursum

laufen

---

dīcō
dīxī
dictum

sagen

---

discō
didicī
-

lernen

dūcere gerere incipere legere

dūcere

gerere

incipere

legere

dūcere gerere incipere legere

dūcō
dūxī
ductum

führen, halten für

gerō
gessī
gestum

tragen, führen

incipiō
coepī
coeptum

beginnen

legō
lēgī
lēctum

lesen, sammeln

mittere petere pōnere quaerere

mittere

petere

pōnere

quaerere

mittere petere pōnere quaerere

mittō
mīsī
missum

schicken, senden

petō
petīvī
petītum

erreichen wollen, erstreben

pōnō
posuī
positum

setzen, stellen, legen

quaerō
quaesīvī
quaesītum

suchen, fragen

regere relinquere scrībere stringere

regere

relinquere

scrībere

stringere

regere relinquere scrībere stringere

regō
rēxī
rēctum

lenken, leiten

relinquō
relīquī
relictum

verlassen

scrībō
scrīpsī
scrīptum

schreiben

stringō
strinxī
strictum

schnüren, streifen, (das Schwert) ziehen

tollere trahere vincere vīvere

tollere

trahere

vincere

vīvere

tollere trahere vincere vīvere

tollō
sustulī
sublātum

aufheben, beseitigen

trahō
trāxī
tractum

ziehen, schleppen

vincō
vīcī
victum

siegen

vīvō
vīxī
victūrus (PFA)

leben

āspicere capere cupere facere

āspicere

capere

cupere

facere

āspicere capere cupere facere

āspiciō
āspēcī
āspectum

hinblicken, ansehen

capiō
cēpī
captum

fangen, fassen

cupiō
cupīvī
cupītum

wünschen, begehren

faciō
fēcī
factum

tun, machen

fugere iacere parerere rapere

fugere

iacere

parere

rapere

fugere iacere parere rapere

fugiō/
fūgī
fugitūrus (PFA)
fliehen vor

iaciō
iēcī
iactum
werfen, schleudern

pariō
peperī
partum
gebären, hervorbringen

rapiō
rapuī
raptum
rauben

Bildnachweis

Getty Images, München: U1 (Corey Jenkins); **iStockphoto, Calgary, Alberta: 8.5**, **9.2**, **9.5** (Moncherie); **8.1** (Dio5050); **8.2** (TommL); **58** (catchlights_sg); **94** (Kuzma); **PONS GmbH, Stuttgart: 9.3** (PONS GmbH); **Shutterstock, New York: 8.3**, **8.4**, **8.6**, **8.8** (Sashkin); **8.7** (Korn); **9.4**, **9.6** (Skripko Ievgen); **9.1** (Phase4Photography); **9.3** (Elnur); **46** (Diego Cervo); **82** (meunierd); **100** (Wavebreakmedia Ltd); **108** (Ronald Sumners); **116** (Jochen Schoenfeld); **124** (Levichev Dmitry)